Josephine Opitz

Auf dem Laufsteg bin ich schwerelos

Mein Leben als Model im Rollstuhl

Gib jedem Tag die Chance,
der schönste deines Lebens zu werden.

(Verfasser unbekannt)

Josephine Opitz

In Zusammenarbeit mit
Claudia Thesenfitz

Auf dem Laufsteg bin ich schwerelos

Mein Leben als Model im Rollstuhl

Arena

In dieser Reihe außerdem erschienen:

Christina Helmis: Mein Lollimädchen-Ich
Mein Leben mit der Magersucht
Mihrali Simsek: Mit 18 mein Sturz
Mein Leben im Gefängnis
Sabrina Tophofen: So lange bin ich vogelfrei
Mein Leben als Straßenkind

FSC
Mix
Produktgruppe aus vorbildlich bewirtschafteten Wäldern, kontrollierten Herkünften und Recyclingholz oder -fasern
Zert.-Nr. SGS-COC-003210
www.fsc.org

1. Auflage 2010

Einbandgestaltung: Frauke Schneider unter Verwendung einer Illustration von © Eastnine Inc; ZZVE Illustrations
Bildnachweis:
Seiten 80, 81, 82, 83 unten, 84, 85 oben: privat
Seite 83 oben: © Jo van den Berg
Seite 85 unten: © »Bild«-Zeitung/Christian Lohse
Gesamtherstellung: Westermann Druck Zwickau GmbH
ISBN 978-3-401-06549-6

www.arena-verlag.de
Mitreden unter forum.arena-verlag.de

Prolog

»Mann, du bist ja eigentlich ganz hübsch!« Ich erinnere mich noch genau an den Moment, an dem ich das zum ersten Mal dachte. Es war vor acht Jahren: Ich saß in meinem Zimmer, eine Freundin flocht mir die Haare und schminkte mich, ich blickte in den Spiegel – und fand mich plötzlich schön! Bis zu diesem Zeitpunkt hatte ich mich eigentlich nie genau angeschaut. Ich hatte ein Gesicht, ich hatte Haare – ja und? Dass mein Gesicht hübsch und die Haare dicht, lang und blond waren, habe ich nie registriert. Bis zu diesem Moment! Ich guckte mir in die Augen – und mochte mich. Weil etwas in mir genau in dieser Sekunde verstand, dass Schönheit und Rollstuhl sich nicht ausschließen müssen.

Schwimmen oder untergehen! Aufgeben oder weitermachen! Einfach ist mein Leben sicher nicht, aber aufzugeben oder unterzugehen, kommt für mich nicht infrage. Ich bin eine Kämpfernatur. Das kristallisierte sich schon kurz nach meiner Geburt heraus.

21. November 1987

Ein stürmischer, kalter Novemberabend. Regen peitscht an die Glasfronten des Klinikgebäudes der Berliner Charité. Aufgeregt laufen die Ärzte der gynäkologischen Abteilung durch die neonbeleuchteten Gänge: Die junge Frau, die hektisch durch die Flure geschoben wird, erwartet Zwillinge.

Türen werden geöffnet, Betten über Flure geschoben, Ärzte binden sich im Laufschritt den Mundschutz um, desinfizieren ihre Gummihandschuhe. Linoleum quietscht, knappe Anweisungen werden durch Türen gerufen.

Die 27-jährige Frau mit dem sehr runden Bauch wird in den Kreissaal geschoben. Aufgrund der erwarteten Zwillinge gilt sie als Risikoschwangerschaft, zudem haben die Wehen drei Monate zu früh eingesetzt – die Ärzte hoffen trotzdem auf eine komplikationsfreie Entbindung.

Die Nacht wird lang: Erst in der Morgendämmerung ertönt aus dem Kreissaal ein heiserer Schrei. Josephine Opitz erblickt das Licht der Welt. Fünf Minuten später beschwert sich auch ihre Schwester Juliane empört über die kalte, ungemütliche, viel zu grelle Umgebung.

> Martina Opitz, Josephines Mutter:
> »Ich lag schon seit dem 15. Oktober – also rund fünf Wochen vor der Geburt – auf der Intensivstation, dicht neben dem Kreissaal, da sich herauskristallisiert hatte, dass Josephine und Juliane früher kommen wollten. Eine Woche vor der Entbindung

waren die Wehen so stark, dass es fast schon losging: Im Kreissaal bekam ich Lungenreifespritzen, ein Medikament, das die Ärzte werdenden Müttern vor bevorstehenden Frühgeburten spritzen, um die eventuell noch nicht vollständig entwickelten Lungen der Embryos atmungsfähig zu machen. Dann wurde ich, beziehungsweise meine Zwillinge, noch einmal ruhiggestellt. Ein Kaiserschnitt kam nicht infrage – meine Blutgerinnung und mein allgemeiner Gesundheitszustand ließen diesen Eingriff nicht zu. Ein Jahr zuvor hatte ich meinen Sohn Benjamin per Kaiserschnitt zur Welt gebracht.

Als es am Abend des 21. November unwiderruflich losging, hieß es für Josephine und Juliane deshalb, 15 Stunden kämpfen. An Josys Kopf wurde eine Sonde angebracht, die Auskunft darüber gab, wie es ihr während der Geburt ging. Leider löste sie sich mehrmals . . .

Durch das lange Liegen im Vorfeld hatte ich nur wenig Kraft und Energie, meine beiden Töchter auf die Welt zu pressen. Notgedrungen musste Josy, die im Geburtskanal an erster Stelle lag, allein kämpfen. Juliane hielt sich da raus.

Am nächsten Morgen, einem Sonntag, um 8.30 Uhr war es dann so weit: Wir hatten es geschafft! Josy erblickte das Licht der Welt, fünf Minuten später rutschte Juliane mit dem Po voran hinterher.

Das Team der Neonatologie stand schon bereit und ließ mir kaum Zeit, meine Töchter anzuschauen: Sofort kamen sie in den Inkubator und an die Beatmungsmaschine! Ich ließ mich im Rollstuhl, den ich benutzen musste, weil ich mich vor Schwäche kaum auf den Beinen halten konnte, runter auf die Frühchenstation schieben, konnte Josy und Juliane aber nicht in die Arme nehmen: Sie lagen, an 1.000 Kabeln und Schläuchen angeschlossen, in separaten »Glaskästen«.

Bei Josy hieß es, irgendetwas stimme nicht . . . Vorsorglich wurden ihr Antibiotika gegeben und eine Bluttransfusion vorgenommen, da eine Infektion im Blut festgestellt worden war. Ob sie die kommende Nacht überleben würde, war aus Sicht der Ärzte äußerst fraglich . . .«

Kämpferherz

Winzig klein, schutzlos und schwach, wie wir mit unseren sechs Monaten waren, kamen meine Schwester und ich sofort in den Brutkasten. Aber alle Desinfektion und Vorsicht konnten nicht verhindern, dass wir uns sofort eine schwere Bronchitis einfingen, die sich bei mir schnell in eine lebensgefährliche Lungenentzündung verwandelte.

»Verabschieden Sie sich am besten schon mal von Ihrer Tochter, Frau Opitz«, sagten die Ärzte abends zu meiner Mutter. »Sie wird die Nacht vermutlich nicht überleben!« Aber meine Mama, die stets an das Gute glaubt und ein absolut optimistischer Mensch ist, dachte gar nicht daran, sich zu verabschieden. Stattdessen hat sie die ganze Nacht ihre Hand an die Scheibe gehalten. Sie wollte mir Liebe und Energie schicken und mir zeigen, dass ich nicht alleine bin.

Die Liebe meiner Mama hat gewirkt – aber auch mein eigener Überlebenstrieb: Ich überstand die Nacht und wurde am Ende sogar schneller aus dem Krankenhaus entlassen als meine Schwester, die noch sehr viel länger an ihrer Bronchitis herumlaborierte. Seit dieser Nacht stand fest: Ich habe ein Kämpferherz!

Drei lange Monate mussten Juliane und ich in der Klinik bleiben, bevor meine Eltern uns mit nach Hause nehmen durften. Fast täglich wurden wir in dieser Zeit untersucht. Nach diversen Tests war für die Ärzte klar, dass ich eine Gehirnblutung erlitten hatte. Die Blutung hatte dazu geführt, dass in denjenigen Bereichen meines Gehirns, die für das

Laufen, die Sprache und einige andere motorische Fähigkeiten zuständig waren, ein Großteil der Zellen abstarb. Um jemals normal essen, gehen und greifen zu können, würden die Funktionen der beschädigten Zellen daher auf andere Zellen übertragen werden müssen. Eine Leistung, die das Wunderwerk Gehirn bei Neugeborenen und Babys, bei denen es ja noch wächst und sich entwickelt, oft von ganz alleine übernimmt. Und genau darauf vertrauten die Ärzte – und unterrichteten meine Eltern erst mal nicht über meine Erkrankung.

In den ersten Monaten wunderte sich meine Mama oft darüber, dass ich mich viel schwerer anfühlte als meine Schwester, wenn sie mich auf den Arm nahm. Auf der Waage wogen wir nämlich exakt gleich viel. Irgendwann kam ihr das dann so komisch vor, dass sie einen Termin bei einer Krankengymnastin vereinbarte. Die machte ein paar Übungen mit mir, merkte sehr schnell, dass ich meinen Kopf nicht selber hochhalten konnte, und erklärte meiner Mama schließlich, dass ich vermutlich eine Behinderung hätte. Meine instabile Körperhaltung sei der Grund, warum ich mich schwerer anfühlen würde.

Die Erkrankung, die man bei mir diagnostizierte, äußert sich in Form von Bewegungsstörungen, verursacht durch eine frühkindliche Hirnschädigung, deren Ursachen meistens schwerwiegende Komplikationen während der Schwangerschaft, der Geburt oder Krankheiten sind. Betroffen von der Schädigung sind die Zentren des Gehirns, die Haltung und Bewegung steuern und für die motorische Entwicklung bei Kindern verantwortlich sind.

Soll der Körper eine bestimmte Bewegung ausführen, sendet das menschliche Gehirn als »Schaltzentrale« in der Regel entsprechende Befehle an den Bewegungsapparat. Dieser wiederum gibt die Information über ausgeführte Aktionen an das Gehirn zurück. So entsteht der Kreislauf der menschlichen Motorik. Bei einem Kind mit zerebralen Bewegungsstörungen, wie ich sie habe, funktioniert dieser Kreislauf nicht mehr reibungslos, da die Funktion einiger Anteile des motorischen Rindengebietes beeinträchtigt ist. Es entstehen »Lücken« im Bewegungskreislauf, was zur Folge hat, dass die Zusammenarbeit verschiedener Muskeln gestört ist und diese sich nicht mehr wie bei gesunden Menschen bewusst kontrollieren lassen.

Etwa zwei von 1.000 lebend geborenen Kindern sind von der Erkrankung betroffen; bei sehr kleinen »Frühgeborenen« wächst das Risiko um das bis zu Dreifache.

Bei schwer betroffenen Kindern lässt sich die Krankheit schon bald nach der Geburt erkennen, bei anderen erst nach drei bis vier Monaten. Es gibt keine bestimmte Behandlungsmethode, je nach Ausgeprägtheit der Erkrankung und Persönlichkeit der Betroffenen wendet man unterschiedliche Therapiemethoden an. Fakt ist jedoch, dass sich der Gesundheitszustand der Betroffenen verschlechtert, wenn sie nicht trainieren bzw. physiotherapeutisch behandelt werden.

Natürlich waren meine Eltern von der Diagnose zunächst geschockt. Es folgten Gespräche mit den Ärzten der Charité, Untersuchungen und Tests. Weder mein Vater noch meine Mutter wussten, wie sie mit mir umgehen sollten. Für sie war das alles Neuland. Und auch die Ärzte wollten erst noch mal gucken, dieses und jenes prüfen, Krankheitsbilder ausschließen.

Das Ergebnis blieb jedoch dasselbe und schließlich informierte man meine Eltern, wie sie mich zu halten, tragen und zu behandeln hätten. Ein Terminplan voller Krankengymnastikeinheiten und Bewegungstherapien wurde erstellt, Medikamente verschrieben, Lektüre empfohlen.

Nun war es also amtlich: Ich war anders als die anderen Kinder. Anders als meine Geschwister. Und mein Leben würde ein ganz besonderes sein . . .

Josys Mama:
»Andreas, Julianes und Josys Papa, war zur Zeit der Geburt in Westberlin, um seinen Onkel zu besuchen. Es war eine einmalige Gelegenheit, denn damals war nicht klar, wann man wieder die Chance bekommen würde, in den Westen zu reisen. Davon abgesehen, war die Geburt der Zwillinge ja auch erst für den Februar angesetzt . . . Natürlich eilte Andreas, nachdem er von der turbulenten Landung seiner beiden Töchter auf diesem Planeten erfahren hatte, sofort zu uns dreien in die Klinik.
Sowohl Andreas als auch mir fiel auf, dass Josy und Jule zwar eigentlich das gleiche Gewicht hatten, Josy sich aber trotzdem immer etwas schwerer anfühlte und auch ihren Kopf so komisch schief hielt. Wir dachten uns jedoch nichts weiter dabei – und auch die Ärzte gaben uns keinen Anlass zur Beunruhigung.
Um meinen beiden Winzlingen Kraft zu geben, pumpte ich meine Muttermilch ab und brachte sie jeden zweiten Tag in einer Kühltasche zu ihnen in die Klinik.
Im Februar, nach drei Monaten Klinikaufenthalt, holten wir Josy und Jule endlich nach Hause und

ich konnte sie tatsächlich noch einige Zeit stillen. Leider nicht allzu lang, denn der Stress mit drei Kindern war einfach zu groß. Hinzu kamen noch die Vorbereitung und die zahlreichen Erledigungen für die Ausreise aus der DDR, die wir schon lange geplant hatten. (Dass dieser Stress vollkommen umsonst war, weil die Mauer fiel, kurz bevor wir ausreisen wollten, ahnten wir damals natürlich nicht.)

Fast ein Jahr lang lebten wir in dem Glauben, dass mit Josy alles in Ordnung wäre.

Erst kurz vor ihrem ersten Geburtstag klärte mich eine gute Krankengymnastin über ihre Behinderung auf. Heute weiß ich, dass es die Auswirkungen des Geburtsstresses waren, die den Sauerstoffmangel und die Blutung in ihrem Gehirn verursacht haben. Für Josys winzigen Körper war es Schwerstarbeit gewesen, sich 14 Stunden durch den Geburtskanal zu kämpfen. Die Erschöpfung aufgrund dieses enormen Kraftaufwands kam erst nach zwei Tagen durch und führte offenbar zu einer Gehirnblutung.«

Charlottenburg

Im Frühjahr 1989 reisten wir in den Westen aus. Nach Julianes und meiner Geburt hatten meine Eltern den Ausreiseantrag gestellt und mein Gesundheitszustand und die sehr viel besseren Behandlungsmöglichkeiten in Westberlin gaben dem Antrag die Dringlichkeit, die es brauchte, um tatsächlich ausreisen zu dürfen. Positiv hinzu kam, dass ein Onkel meines Papas uns in Charlottenburg bereits eine Wohnung organisiert hatte.

Und so traten wir im Frühling, ein paar Monate vor dem Mauerfall, unser neues Leben im Westen an. Unsere Wohnung lag in Charlottenburg, mitten im Herzen von Berlin, in der Schillerstraße – direkt um die Ecke der Fußgängerzone Wilmersdorfer Straße und in unmittelbarer Nähe von Ku'damm, Zoo-Palast, Café Kranzler und Europa-Center.

Wir bewohnten die zweite Etage eines sechsstöckigen 70er-Jahre Hochhauses. Einen Fahrstuhl gab es nicht, dafür aber viele Bäume, viele Altbauten, viele Geschäfte – ein sehr angenehmer Ort zum Leben . . .

Unsere Wohnung hatte zwar nur drei Zimmer, war aber sehr gemütlich. Als wir nach dem langen Klinikaufenthalt endlich nach Hause durften, waren unsere Eltern rund um die Uhr beschäftigt – zwei Babys auf einmal und dazu noch mein nur ein Jahr älterer Bruder. Noch heute frage ich mich, wie meine Mama das damals eigentlich alles geschafft hat: die Doppel-Kinderkarre schieben – und auch den Einjährigen noch mitnehmen. Ununterbrochen Mahlzeiten herstellen, schreiende Kinder trösten, Windeln wechseln, Wäsche waschen, einkaufen. Puh!

Anders als die anderen – frühe Kindheit

Mein Bruder, meine Schwester und ich teilten uns zu dritt ein Zimmer. Juliane und Benjamin schliefen in einem Etagenbett – er oben, sie unten – und ich lag in einem Gitterbett, das meine Eltern an die gegenüberliegende Wand geschoben hatten. So war zwischen unseren Betten jede Menge Platz zum Spielen. Und das taten wir von morgens bis abends. Wir hatten auch oft Besuch von anderen Kindern aus dem Kindergarten. Mit denen haben wir dann »Vater, Mutter, Kind« oder auch mal »Schule« gespielt.

Am gemütlichsten war immer das Einschlafen zu dritt in dem kleinen Zimmer: Mein Papa legte uns eine Bibi-Blocksberg-Kassette in den Rekorder und die lustigen Stimmen der Sprecher und Sprecherinnen plapperten uns in den Schlaf. Herrlich. Geborgen und warm. Das leise Klick, wenn die Kassette zu Ende war, haben wir meistens gar nicht mehr gehört.

Direkt neben unserem Haus lag ein Rasen mit Spielplatz und sogar einem Spielhaus – wie eine Miniklub-Anlage. Wenn das Wetter schön war, waren wir dort nicht wegzukriegen. Besonders gerne spielten wir mit den Kindern einer jugoslawischen Familie, mit denen wir uns super verstanden. »Verstecken« war eines unserer Lieblingsspiele. Da ich ja nicht alleine laufen konnte, ließen mir die anderen immer bis 20 (statt bis zehn) Zeit, mich zu verstecken. Ich kroch dann auf allen vieren hinter irgendwelche Tonnen, Büsche oder Türen und erinnere mich noch gut an das Gefühl meines wild klopfenden Herzens, wenn ich fürchtete, gleich entdeckt zu werden. Ich hatte ständig dreckige Hände und alle meine Hosen waren an den Knien durchgescheuert vom Herumkriechen. Um sie nicht dauernd flicken zu müssen, bastelte mir meine Mama extra Knieschoner und wollte, dass ich Handschuhe trug. Aber das kam für mich überhaupt nicht infrage. Ich wollte weder anders sein noch anders aussehen als die anderen Kinder. Ich wollte dazugehören. Und das tat ich auch. Ich kann mich nicht erinnern, in meiner frühen Kindheit jemals das Gefühl gehabt zu haben, ausgegrenzt oder abgelehnt zu werden. Ich konnte zwar nicht richtig laufen, aber ich gehörte dazu. Basta!

Meine Mama erzählt oft, wie sehr ich es im Herbst genoss, an ihren Händen durch die bunten Blätter zu laufen. Ich sollte die gleichen Gefühle haben, die gleichen Erlebnisse wie gesunde Kinder – darauf hat sie immer geachtet.

Wenn es dunkel wurde und wir zum Abendessen nach Hause mussten, trugen mich mein Papa oder meine Mama die zwei Etagen in unsere Wohnung hoch. Merkwürdigerweise habe ich das als vollkommen unproblematisch in Erinnerung. Es war immer jemand da, der mir half. Später, ich glaube mit vier Jahren, konnte ich auch einige Stufen alleine bestreiten – es musste mich nur jemand an der Hand festhalten.

Auch im Kindergarten war ich voll integriert, spielte absolut gleichberechtigt mit den anderen Kindern. So gleichberechtigt und ohne Sonderbehandlung, dass mir meine damalige Freundin Fanny mal mit einer Bastelschere die Haare kurz schnitt. Einfach so. Ich fand meine neue Igelfrisur toll. Mein Papa weniger. Der lief beim Abholen glatt an mir vorbei, weil er mich nicht erkannte – und regte sich dann furchtbar über den Verlust meiner langen Haare auf. Meine Freundin und ich haben uns tagelang darüber schlappgelacht.

Der paradiesische Zustand meiner frühen Kindheit wurde lediglich getrübt durch die vielen Therapietermine, die ich hatte. Meine Eltern probierten alles aus, was es an therapeutischen und medizinischen Möglichkeiten gab. Sie folgten jedem Hoffnungsstreifen am Horizont. Wenn etwas nicht funktionierte, wussten wir, dass wir uns in eine andere Richtung bewegen mussten. Auch aus dieser Erkenntnis zogen meine Eltern etwas Positives.

Die Krankengymnasten und Mediziner waren immer sehr nett zu mir, und da die meisten Übungen und Therapien spielerisch aufgebaut waren, haben sie mir, obwohl ich lieber mit den »normalen« Kindern auf dem Spielplatz gespielt oder ein Eis gegessen hätte, Spaß gemacht. Später, als ich in die Pubertät kam, wurden mir die dauernden Termine in den Turnhallen und Praxisräumen allerdings mehr und mehr lästig.

Mein Schutzengel

Nachdem ich als Winzling die lebensgefährliche Lungenentzündung überstanden hatte, schrammte ich mit vier Jahren zum zweiten Mal knapp am Friedhof vorbei: Mein Papa und ich waren auf dem Rückweg von der Krankengymnastin und standen im U-Bahnhof Deutsche Oper am Gleis. Wie immer bekam ich zur Belohnung, weil ich so gut mitgemacht hatte, am Kiosk oben an der Treppe ein Mars. Offenbar hatte mein Vater diesmal aber nicht damit gerechnet, dass die Bahn so schnell kommen würde. Sie fuhr ein, hektisches Gedrängel entstand, mein Papa sprintete mit mir die Treppe runter und versuchte, mich in die Bahn zu schieben. Leider zu spät. Es machte »tüt, tüt« der Schaffner rief »Bitte zurücktreten«, ich klemmte in meinem Buggy halb im Wagen und halb draußen und die Tür ging zu. Entsetzt rüttelte mein Vater an den Griffen, aber die Tür ließ sich nicht mehr öffnen. Der Zug fuhr los, ich hing an der Außenseite und näherte mich bedrohlich schnell der Tunnelwand. Kurz vor dem Tunnel geschah dann das Wunder: In der Bahn hatte jemand die Notbremse gezogen. Ein paar Meter vor der Mauer kam der Zug zum Stehen. Vollkommen geschockt guckte ich hoch zu meinem Retter: Es war ein Afroamerikaner, etwa 1,80 Meter groß, mit einer braunen Lederjacke.

Ich konnte nur kurz »Danke!« stammeln, den Rest sagten meine Augen. Er lächelte. Mein Vater kam angerannt, befreite mich kreidebleich aus der Türfalle und zog mich und den Kinderwagen auf den sicheren Bahnsteig. Der Schaffner pfiff und die U-Bahn fuhr wieder los. Ohne meinen Papa und mich – wir hatten erst mal genug von den öffentlichen Verkehrsmitteln. Ich habe meinen Retter nie wiedergesehen. Aber schon damals kam es mir vor wie Magie. Als wäre er mein Schutzengel gewesen.

Ein Haus im Grünen – Spandau

Als ich mit fünf Jahren allmählich zu schwer zum Hochtragen und die Wohnung in Charlottenburg für fünf Personen immer deutlicher zu klein wurde, begannen meine Eltern, sich nach einer Alternative umzusehen – und verliebten sich in eine Immobilie in Kladow, einem kleinen Örtchen bei Spandau, südwestlich von Berlin, umgeben von Seen, Wäldern und herrlicher Natur. Auf dem Grundstück, das es ihnen so angetan hatte, stand zwar nur ein brüchiges Abrisshaus, kaum besser in Schuss als eine Schrebergarten-Bude, aber dafür gab es einen wunderschönen, riesigen Garten. Absolut sicher, dass dies der richtige Platz für sie und ihre Kinder war, kauften meine Eltern das Grundstück und zogen mit uns in das kleine Häuschen, das sie die nächsten sieben Jahre renovierten, sanierten, ausbauten und Raum um Raum erweiterten, bis es im Jahr 2001 schließlich zu einem stattlichen Bungalow herangewachsen war.

Wir Kinder waren total begeistert von unserem neuen Zuhause. Besonders als meine Eltern auch noch eine Grube im Garten aushoben und dort eine Art Swimmingpool für uns anlegten. Dass das Häuschen erst mal etwas brüchig war und wir viel improvisieren mussten, war uns ganz egal – wir waren sowieso die meiste Zeit draußen. Auch unser neues Umfeld fanden wir ziemlich spannend: Der Berliner Golfklub, das Naturschutzgebiet Pfaueninsel und die vielen idyllischen kleinen Seen hatten dafür gesorgt, dass in Kladow ein sehr gehobenes Publikum ansässig geworden war. Geschäftsleute, Blaublütler oder auch Schauspieler: Ganz in der Nähe von uns wohnte zum Beispiel Jo Gerner von *Gute Zeiten, schlechte Zeiten.*

Das neue Haus bedeutete mehr Platz. VIEL mehr Platz: Mein Bruder bekam ein eigenes Zimmer, eine Art Durchgangsraum zu Julianes und meinem Zimmer. Und auch ich erhielt mein eigenes Reich – aber dazu später mehr.

In Kladow gingen Juliane und ich erst in die Integrations-Kita, einen Tages-Kindergarten für gesunde und beeinträchtigte Kinder, und später gemeinsam mit Benni, der eine Klasse über uns war, zur Grundschule. Wir mochten die Schule alle drei.

Da unsere Eltern beide berufstätig waren, war es die Aufgabe des ältesten Kindes, das Essen, das meine Mama allabendlich für uns vorkochte und in den Kühlschrank stellte, nach der Schule zu erwärmen und zu servieren. Ein verantwortungsvoller Job, den mein Bruder Benni sehr ernst nahm. Mit bedeutsamer Miene verteilte er Mittag für Mittag die Rationen auf unseren Tellern.

Mein Lieblingsessen ist heute noch dasselbe wie damals: Spaghetti mit Tomatensoße. Gehasst habe ich Spinat – das tue ich auch heute noch.

Kaum hatten wir aufgegessen, liefen wir auch schon nach draußen. Die Spielmöglichkeiten waren endlos: Im Sommer konnten wir schwimmen, Boot fahren, auf den Wiesen toben, Kastanien sammeln und Schnitzeljagden veranstalten – im Winter Schneemänner bauen, Schneeballschlachten schlagen, Schlittschuh laufen oder Schlitten fahren. Ich hatte einen Spezialschlitten, auf dem ich wie auf einem Thron saß, wenn ich damit von meinem Papa durch die weiße Winterlandschaft gezogen wurde. Mein Lieblingsspiel hieß »Bäume pflegen« und ich hatte es mir selbst ausgedacht: Dafür rieb ich den Stamm eines Baumes mit Matsch ein, verpasste ihm anschließend ein Sand-Peeling, wusch die »Packung« mit Wasser wieder ab, erfand eine Graskur, streichelte die Rinde und war mir sicher, dass sich der Baum nach meiner »Behandlung« viel wohler fühlte als vorher.

Meistens wurde ich bei unseren Spielen von Freunden, Geschwistern oder Eltern im Buggy, einer Art offener Kinderkarre, geschoben. Manchmal ging ich auch selbst im Rollator, einem Gehwagen, wie ältere Leute ihn oft benutzen, oder lief später an Ein-Punkt-Stützen, was ich allerdings nicht besonders gerne tat, denn erstens klapperten sie immer so laut, zweitens kam ich damit nur ziemlich langsam voran und drittens waren diese Gehversuche extrem anstrengend für mich. Ich erinnere mich noch gut, dass ich mich damals nur mit sehr viel Kraftaufwand längere Zeit senkrecht halten konnte. Natürlich bin ich auch öfter mal hingefallen, besonders dann, wenn ich mich gerade über irgendetwas schlapplachte – was ich als Kind dauernd tat. Wenn ich mich vor Lachen weggeschmissen habe, konnte ich mich nur schwer aufrecht halten, bin hingefallen und lachend wieder aufgestanden.

Bewusst angefangen, meine Behinderung zu registrieren, habe ich etwa so mit sieben Jahren, als meine Geschwister und Schulkameraden im Sommer auf den Wiesen herumtollten und ich nicht mitrennen konnte. Die Erkenntnis war sehr schmerzhaft und sehr traurig für mich. Ich fand es ungerecht und konnte mir nicht erklären, warum das so war. Warum die anderen alle laufen konnten – nur ich nicht. Meine Eltern haben zwar immer wieder versucht, mir die Ursache dafür zu erklären, aber ich weiß noch, dass ich das als kleines Kind trotzdem nicht richtig verstanden habe.

Ich probierte tapfer, weiter mitzumachen, so gut es eben ging. Meine Mutter und mein Vater hätten niemals zugelassen, dass ich mich traurig und deprimiert in mein Zimmer zurückgezogen und isoliert hätte. Sie haben mich von Anfang an unterstützt zu kämpfen. Dabeizubleiben. Mich nicht unterkriegen zu lassen oder mich selbst ins Abseits zu stellen.

Konnte ich aufgrund meiner Behinderung bei einem Spiel nicht mitspielen, habe ich mich hingesetzt und zugeguckt oder die Rolle des Schiedsrichters übernommen. So war ich trotzdem ein Teil der Gruppe. War mittendrin statt nur dabei.

Und auch bei den Theateraufführungen in der Schule und vorher im Kindergarten schloss ich mich nicht aus, sondern übernahm einfach Rollen, die ich ohne Probleme erfüllen konnte: Bei dem musikalischen Märchen *Peter und der Wolf* von Prokofjew spielte ich beispielsweise den Baum, um den Peter herumhopste. Dazu musste ich einfach nur eine braune Cordhose und einen grünen Pullover anziehen, mir das Gesicht grün schminken – und die Arme hochhalten. Kein Problem für mich. Für die *Vogelhochzeit* nähte mir meine Mama ein Kostüm mit Federn, ich musste still auf einem Strohballen sitzen und »Immer nur brüten, brüten, brüten« singen. Auch das war eine wichtige Aufgabe, auf die ich stolz war.

Und Weihnachten, beim Krippenspiel, gab ich die Maria und wachte neben der Krippe. Irgendwie fand sich immer eine Rolle, die ich spielen konnte – ich war nie außen vor.

Auch sonst gab es in der Schule keine Sonderbehandlung: Ich ging von der ersten bis zur sechsten Klasse auf eine »normale Grundschule«, also keine spezielle Grundschule für körperbehinderte Kinder, in eine Integrations-Klasse, gemeinsam mit meiner Schwester. An der Schule gab es zwei Lehrer, die auch in meiner Klasse sogenannte »verhaltensauffällige« Kinder beim Lernen unterstützten und für mich da waren, wenn ich sie brauchte. Um das Verständnis für meine Krankheit zu fördern, initiierten meine Eltern mehrmals ein Treffen, bei dem die Lehrer und meine Krankengymnastin an einem Tisch zusammensaßen und die Möglichkeit hatten, sich auszutauschen. Damit man besser nachvollziehen konnte, wie sich die Behinderung für mich anfühlte, erzählte meine Krankengymnastik-Therapeutin Dagmar Siebold immer folgendes Beispiel: »Stellen Sie sich vor, Sie tragen dicke Fausthandschuhe und sitzen an einem Tisch, der permanent wackelt. Der Stuhl, auf dem Sie sitzen, wackelt ebenfalls, das Blatt Papier, das vor Ihnen auf dem Tisch liegt, rutscht weg, mit den Fäustlingen können Sie den Stift nicht richtig halten – und dann versuchen Sie mal, Ihren Namen zu schreiben. So anstrengend ist der Schulalltag für Josephine!«

Danach waren die Lehrer meistens sehr still – und hatten nach und nach mehr Verständnis für mich.

Mit sechs Jahren begann ich zudem als eines der ersten Kinder in Berlin mit einer an »Petö« orientierten Therapie. Heute werden Menschen mit feinmotorischen Schwierigkeiten überwiegend nach dem Berliner Modell behandelt, das aus dem Petö-Konzept erwachsen ist. Diese ganzheitlich ausgerichtete Therapiemethode, benannt nach dem ungarischen Neurologen Dr. András Petö, wird mittlerweile seit mehr als 40 Jahren weltweit erfolgreich praktiziert.

Nach Petö behandelt zu werden, bedeutet, anhand von ganz normalen Alltagssituationen zu trainieren und dabei den ganzen Körper in die Übungen einzubeziehen. Man vollzieht medizinisch und therapeutisch sinnvolle Bewegungsabläufe, ohne es zu merken. Zum Beispiel beim Essen: Wenn ich der Therapeutin beispielsweise das Salz reichen musste, so hatte ich schon wieder eine Dehn- und Feinmotorik-Übung für Arm, Hände und Finger gemacht, ohne es bewusst mitgekriegt zu haben. Wir waren eine Gruppe von fünf Kindern, hatten zweimal die Woche Therapie und großen Spaß dabei!

Damit ich auch in der Schule problemlos mithalten konnte, fertigte mein Opa Walter, der Tischler war, einen extra auf mich zugeschnittenen Schultisch an, an dem ich optimal sitzen und arbeiten konnte. Der Tisch hatte sogar eine spezielle Auffangvorrichtung für Stifte, weil ich nur mit Schwierigkeiten etwas vom Boden aufheben konnte.

Hätten wir als Kinder nur ferngesehen oder am Computer gespielt, wäre ich mir vermutlich niemals ausgegrenzt vorgekommen. Da sitzt man ja nur. Aber meine Eltern waren in Bezug auf Fernsehen sehr streng: Wir durften nur ganz ausgewählte Sendungen sehen – wenn wir zum Beispiel Pippi Langstrumpf gucken durften, war das ein absolutes Erlebnis für uns. Wenn meine Eltern abends oder nachmittags mal nicht da waren und nicht darauf achten konnten, ob wir das Gerät einschalteten, erklärten sie uns, dass sie für jede Stunde Fernsehen fünf D-Mark Gebühr bezahlen müssten und dass es deshalb schön wäre, wenn wir den Fernseher aus ließen. Das haben wir dann auch gemacht, denn wir wollten natürlich nicht, dass sie sich unseretwegen verschuldeten. Außerdem haben wir sowieso viel lieber Bibi-Blocksberg-, Benjamin-Blümchen- oder Hanni-und-Nanni-Kassetten gehört.

Einen Computer besaßen wir erst später – damit lernte ich erst in der Gesamtschule umzugehen.

Eine Zeit lang war damals dieses Tamagotchi in – auch das haben uns unsere Eltern strengstens verboten. Als meine Schwester sich einmal eins bei ihrer besten Freundin auslieh, erwischte meine Mutter sie und Jule musste es sofort zurückbringen. Mama und Papa wollten einfach nicht, dass wir zu früh von außen beeinflusst wurden. Wir sollten Fantasie entwickeln, aus uns selbst heraus Spiele erfinden. Als Kind konnte ich das manchmal nicht verstehen. Aber heute bin ich ihnen sehr dankbar dafür und würde es bei meinen eigenen Kindern genauso machen.

Auch in puncto Ernährung bin ich mit der Erziehung meiner Eltern im Nachhinein sehr zufrieden: Süßigkeiten gab es ganz selten. Höchstens mal ein paar M & M's oder ein Stück Schokolade. Und wenn wir auf einem Geburtstag waren und alle Kinder zum Schluss von den Gastgebern eine Naschtüte bekamen, dann reichte die bei uns mindestens eine Woche lang. Fast Food, Pommes oder Fertigpizza kamen bei uns nicht auf den Tisch. Meine Mutter hat immer richtig gekocht. Nur zu ganz besonderen Gelegenheiten gingen wir zu McDonald's oder ins Restaurant. Das wäre mit drei Kindern einfach zu teuer gewesen – und zu turbulent. Es war aber nicht so, dass unsere Eltern uns keine Wünsche erfüllt hätten. Wenn ich zum Beispiel mal spezielle Turnschuhe haben wollte oder einen bestimmten Pulli, war das kein Problem. Ich bin allerdings auch nie so auf Markenklamotten abgefahren. H & M fand ich viel spannender.

Extrem großzügig waren meine Eltern in Bezug darauf, zu welcher Uhrzeit wir nach Hause kommen sollten: Wir durften immer so lange wegbleiben, wie wir wollten, wenn wir es vorher abgesprochen hatten, und es gab auch nie Hausarrest oder irgendwelche anderen Strafen – mit Ausnahme von

Fernsehverbot. In der Hinsicht waren sie wirklich locker. Sie fanden es – besonders später, als wir in die Disco oder auf Partys gingen – immer besser, wenn wir den Nachtbus nahmen, der direkt vor unserer Tür hielt, statt ein paar Stunden früher den normalen Bus, dessen Haltestelle so ungünstig lag, dass wir zehn Minuten durch die Dunkelheit hätten nach Hause laufen müssen.

Vorbild Barbie/das Barbie-Zimmer

Juliane und ich waren absolute Barbie-Fans. Barbie war so, wie zumindest ich immer sein wollte – lange Beine, toller Busen, dichte blonde Haare –, aber vermutlich nie werden würde. Sie war mein zweites Ich. Ob es bei Juliane genauso war, habe ich sie nie gefragt. Ich glaube, meine Schwester liebte es einfach nur, die Barbies anzuziehen und ihre Haare zu kämmen.

Weil wir so unendlich viel Barbie-Spielzeug und Accessoires hatten, wurde die Wäschekammer des Hauses in ein Barbie-Zimmer umfunktioniert. Hier war das Reich der blonden Amerikanerin: Hier lebte sie in ihrem Barbie-Hochhaus, fuhr in ihrem Barbie-Porsche und ging aufs Barbie-Klo! Sie hatte einen Wohnwagen, ein Reisemobil, Pferde, Frisier-Utensilien und natürlich unzählige Klamotten und Schuhe. Stundenlang haben wir die Puppen neu eingekleidet, sie reiten oder in den Urlaub fahren lassen. Sogar Willi, unser Goldhamster, wurde in unsere Spiele integriert: Mit einem Barbie-Röckchen bekleidet, saß er hinter dem Steuer des Wohnmobils und kutschierte seine schöne Freundin durch die Gegend. Er gab zwar einen etwas merkwürdigen Fahrer ab, aber Hauptsache, er war dabei!

Die Momente, in denen ich Barbie war, indem mein Ich mit der Puppe verschmolz, waren mit die glücklichsten meiner Kindheit: Barbie konnte alles, hatte alles und jeder mochte sie. Meine Fantasie war grenzenlos, täglich dachte ich mir neue Geschichten, neue Erlebnisse für sie aus. Das fand ich spannender als jeden Film . . .

Reha statt Internat – Ukraine

Es war schon ein lustiges Bild: ein Dutzend Pfleger, Krankenschwestern und Ärzte bei dem Versuch, Bienen zu fangen. Dazu hatten sie auf dem gesamten Gelände Gläser mit Zuckerwasser verteilt, aus denen sie die Bienen angelten. Natürlich flogen dabei etliche davon – und einige wurden bei ihrem Fluchtversuch auch wieder eingefangen. Fasziniert von diesem Schauspiel beobachtete ich von meinem Platz hinter der Fensterscheibe atemlos, was die Ärzte mit den Bienen machten, die sie zu fassen kriegten: Sie rissen ihnen mit einer Pinzette den Stachel aus und reichten ihn einer Pflegerin, die so schon bald mindestens zwanzig Stachel-Pinzetten in den Händen hielt. Das fand ich sehr merkwürdig. Noch merkwürdiger war allerdings, dass sich die ganze Gruppe plötzlich sammelte und in Richtung meines Zimmers in Bewegung setzte. Ich hatte auf einmal ein mulmiges Gefühl. Ängstlich sah ich zu meiner Mutter hoch, die neben mir stand und mich beruhigend anlächelte. Nacheinander betraten die Ärzte mein Zimmer. Sie bauten sich im Halbkreis um mich herum auf, sprachen hektisch auf mich ein und piksten mir dann die ausgerissenen Bienenstachel mit ihren Pinzetten ins Bein! Es tat furchtbar weh und meine Beine schwollen sofort an. Ich schrie wie am Spieß und heulte nach meiner Mama, die sehr bleich aussah und meine Hand hielt. »Das ist gut für Josephine, Frau Opitz«, beruhigte Dr. Kozijavkin meine Mutter. »Dadurch wird die Durchblutung der Beine angeregt!« Mama nickte schweigend. Und schluckte.

Das war die schmerzhafteste und absurdeste Behandlung, die ich bis dahin in meinem Leben erhalten hatte.

Die Bienenstichtherapie war Teil einer Spezialtherapie für meine Form der Behinderung, die der ukrainische Spezialist Dr. Kozijavkin erfunden hatte. Wegen dieser und der von ihm angewandten Manualtherapie, in die wir sehr große Hoffnung setzten, waren meine Mutter und ich 1993 in die Klinik in Truskawez gereist, einem der bekanntesten Kurorte in der ehemaligen UdSSR beziehungsweise der heutigen Ukraine. Das kleine Städtchen mit den beiden berühmten Mineral- und Heilquellen »Naftusja« und »Bronislawa« liegt in einem malerischen Hügelland, umgeben von endlosen Wäldern mit Blick auf die Ostkarpaten. Die schöne Landschaft und das milde Klima (Truskawez liegt geografisch auf der gleichen Höhe wie Paris) ziehen jedes Jahr zahlreiche Touristen und Heilsuchende aus der ganzen Welt an. So auch meine Mutter und mich – wir hatten allerdings auch noch einen anderen, viel wichtigeren Grund: Aufgrund der Fehlstellung meiner Beine drängten die Berliner Ärzte meine Eltern seit zwei Jahren, mich an der Achillessehne und den Kniebeugern operieren zu lassen. Sie waren überzeugt, dass es mir danach sehr viel besser gehen würde. Meine Eltern lehnten eine Operation jedoch ab, solange ich mich noch in der Wachstumsphase befand. Erstens war ihnen das Risiko zu hoch – und zweitens glaubten und hofften sie immer noch, dass sich die Beweglichkeit meiner Beine vielleicht durch viel Therapie verbessern würde.

Als meine Mutter eines Abends in der Sendung »Schreinemakers live« zufällig von Dr. Kozijavkin und seiner manuellen Wirbelsäulentherapie in der Ukraine erfuhr, die eine Operation eventuell sogar gänzlich unnötig machen sollte, setzte sie daher alle Hebel in Bewegung und organisierte einen zweiwöchigen Aufenthalt für uns beide in seiner Klinik. Dr. Kozijavkins Therapie war so revolutionär wie erfolgreich: Die Medizin ging bislang stets davon aus, dass meine Form der Behinderung durch eine Störung im Gehirn verursacht wird. Dr. Kozijavkin dagegen stellte fest, dass es auch eine Wirbelsäulenkomponente bei der Erkrankung gibt, dass also auch eine Fehlfunktion der Wirbelsäule zu eingeschränkter Motorik führen kann. Der Arzt stieß während seiner Forschung auf Funktionsblockaden an der Wirbelsäule betroffener Kinder und arbeitete an einer speziellen Methode – einer Kombination aus Bienenwachs, Bienengift und Elektro-Akupunktur –, um diese zu korrigieren, zu mobilisieren und im besten Fall sogar ganz aufzuheben.

Sich dem Drängen der Berliner Ärzte nach einem operativen Eingriff zu entziehen, war für meine Mutter übrigens alles andere als einfach: In ihrer Not ließ sie sich an den Gallensteinen operieren, obwohl das noch gar nicht unbedingt erforderlich gewesen wäre. Aber ihre eigene Operation machte meine bis zu dem Zeitpunkt unmöglich, zu dem wir in die Ukraine reisen konnten.

Die Reise nach Truskawez war lang und aufregend: Mitten in der Nacht fuhren wir im Zug von Berlin nach Stuttgart, stiegen dort mit einer Reisegruppe, die meine Mutter organisiert hatte, in einen Bus, vom Bus in den Flieger, vom Flieger wieder in einen Kleinbus, durchquerten einsame ukrainische Landschaften – und legten insgesamt fast 1.500 Kilometer zurück, um schließlich in der ziemlich heruntergekommen wirkenden Rehaklinik anzukommen. Die endlose Anreise war anstrengend und wir waren müde, erschöpft und kaputt, aber dennoch genoss ich die spannende Fahrt und die neuen

Eindrücke. Es war Sommer, die Kornfelder wogten im Wind, überall Blumen, dichte Wälder und Kiefernduft und ich immer an der sicheren Seite meiner Mutter, die meine Hand hielt.

Das Therapiezentrum erinnerte an die typischen Ost-Plattenbauten: grau, trist, fantasielose Architektur. Das »Frühstück«, bei dessen Anblick (pappiges Brot, fader Tee, Pulverkaffee und praktisch nur aus Zucker bestehende Marmeladen) wir jeden Tag froh waren, dass wir uns aus Deutschland Nutella und Cornflakes mitgebracht hatten, wurde im »Rittersaal« eingenommen, einem hallenartigen Raum mit Felsbrockenwänden und glatt poliertem Steinfußboden. Immerhin war aber die Umgebung des Therapiezentrums wunderschön; es lag direkt an einem idyllischen See.

Die Gäste kamen fast alle aus Deutschland, ein paar auch aus Österreich und der Schweiz. Ich fand das toll: Ich konnte mich problemlos mit den anderen Kindern unterhalten und hatte sofort zahlreiche Freunde. Und das Beste war: Hier war ich eine von vielen! Alle anderen Kinder hatten auch Probleme mit dem Laufen, saßen im Rollstuhl oder liefen an Krücken – eine völlig neue Erfahrung für mich! Wenn wir zusammen Ball oder Verstecken spielten, geschah das in dem Tempo, in dem wir das halt konnten. Endlich musste ich mich nicht mehr so anstrengen, um dazuzugehören. Endlich war ich mal Gleiche unter Gleichen. Ich verschlang damals gerade die Bücher von Hanni und Nanni und wäre am liebsten auch auf ein Internat gegangen. Die Klinik hatte ein bisschen was davon – und ich fühlte mich wohl.

Auch meine Mutter war froh, plötzlich mal mit jemandem sprechen zu können, der in der gleichen Situation steckte wie sie. Denn auch sie fühlte sich in Berlin manchmal ziemlich alleine. Von ihren neuen Freundinnen in der Reha bekam sie viele wertvolle Tipps und Adressen, die mir den Alltag später sehr erleichtern sollten: Die erfolgreiche Beantragung des Rollators und des Rollstuhls – das wäre ohne die Hilfe der anderen Frauen in Truskawez sehr viel komplizierter gewesen. Abgesehen davon hatte Mama nun auch endlich mal ein bisschen Zeit für sich, während ich meine Behandlungen bekam.

Am ersten Tag wurden Videoaufnahmen von mir und meinen Bewegungsabläufen gemacht, um meine bisherigen Fähigkeiten festzuhalten und um nach Abschluss der Therapie mögliche Fortschritte aufzeigen zu können. Ich wurde vermessen, ein EEG wurde erstellt und eine gründliche medizinische Generaluntersuchung durchgeführt. Auf Basis all dieser Daten und Ergebnisse stellte Dr. Kozijavkin dann meinen ganz speziellen Therapieplan für die kommenden sechs Wochen auf:

Zuerst »deblockierte« er unter lautem Knacken meine Hüfte. Dazu drehte er sie mit einem Kollegen nach links und rechts, bis es knackte. Das Gleiche machte er danach mit meinem Rückgrat und meinem Hals. Ich erhielt neurophysiologische Behandlungen, Ganzkörperintensivmassagen, Elektroa-Akupunktur auf den wichtigen Muskeln und Sehnen, Reflextherapie, rhythmische Musiktherapie zu Liedern von Rolf Zuckowski und Mechanotherapie auf dem Laufband. Neben der schmerzhaften Bienengifttherapie, die für eine bessere Durchblutung der Beinmuskeln sorgen sollte, gab es außerdem noch die Apitherapie, bei der mehrere DIN A4 große Bienenwachsplatten auf 40 Grad erhitzt und in Stoffe gewickelt 20 Minuten lang um meine Gelenke gelegt wurden. Lichttherapie stand auf meinem Programm, genauso wie Krankengymnastik und Vibromassagen. Bei der sogenannten Stehtherapie wurde ich mit Windeln um die Knie an einer Sprossenwand fixiert und konnte – auf diese Weise in eine stabile, sichere, aufrechte Haltung gebracht – mit einem Ball spielen. Das war wichtig, um Gleichgewichtssinn und Körpergefühl zu stärken. Angenehm war auch die Gelenktherapie, bei der etwa 20 Minuten lang sanft meine Arm- und Beingelenke massiert und bewegt wurden.

Konnte ich meine Mutter mal bei einer Behandlung entbehren, ging sie spazieren, las ein Buch, unterhielt sich mit ihren neuen Freundinnen und begann, regelmäßig zu joggen. Ein Sport, der zu ihrer neuen großen Leidenschaft wurde: In diesem Jahr läuft sie ihren zehnten Marathon!

Auch das Abendprogramm in Truskawez war für mich sehr schön: Ich saß mit den anderen Patienten um ein großes Lagerfeuer, ließ auf der Wiese Drachen steigen, spielte im »Rittersaal« Brettspiele und Karten oder es wurden zum Beispiel Malwettbewerbe angeboten.

Manchmal kamen arme, einheimische Kinder aus den umliegenden Dörfern ans Lagerfeuer. Für ein paar Kartoffeln oder etwas Brot bliesen sie Fische aus Glas – wunderschöne Kunststücke. Die Armut und der Hunger, die dahinterstanden, entgingen mir trotzdem nicht. Schlagartig wurde mir klar, wie gut ich es doch hatte, ohne wirklichen Mangel im reichen Deutschland lebend. Hier am Feuer prallten zwei Welten aufeinander. Die traurigen Augen der hungrigen Kinder berührten mich tief. Und die Erkenntnis, dass es auch anderes Leid als das körperliche gibt, gab mir nachhaltig zu denken.

Die Armut war natürlich auch in der Rehaklinik spürbar: Nicht nur das karge Essen – auch die Räumlichkeiten waren mehr als schlicht. Ich erinnere mich noch gut an den Morgen, an dem eine Maus aus meinem pinkfarbenen Pulli sprang – und auch an einen Aufenthalt im Winter, bei dem von innen die Fenster zugekleistert werden mussten, weil unerträglich eisige Luft durch die brüchigen Rahmen pfiff.

Um meine Operation hinauszuzögern, waren meine Mutter und ich insgesamt fünfmal in Truskawez: dreimal im Sommer und zweimal im Winter. Ich freute mich immer auf diese Zeit. Für mich war es stets eher Urlaub als Therapie.

Als der letzte Rehaaufenthalt in Truskawez zu Ende ging, gab es eine ganz besondere Abschiedsfeier: Ich war damals ein großer Kelly-Family-Fan, konnte alle Lieder auswendig und war absolut textsicher. Folgerichtig legte ich vor den anderen Patienten, den Ärzten und Therapeuten eine perfekte Kelly-Family-Karaoke-Performance hin und spielte sogar Luftgitarre dazu. Als ich zum Schluss den Song *Angel* zum Besten gab, waren die anderen so gerührt, dass sie alle mitsangen und ihre Feuerzeuge hochhielten. Keine Ahnung, was mich getrieben hat und woher ich damals den Mut nahm. Eins jedoch ist sicher: Heute würde ich mich so etwas nicht mehr trauen.

Verschlimm-Besserung – die Operation

Zurück in Deutschland waren meine Tage prall gefüllt: Vormittags ging ich zur Schule, nachmittags hatte ich Krankengymnastik, Schwimm-, Steh- oder Gehtherapie oder mein geliebtes Hippotraining, auf das ich mich immer schon die ganze Woche freute. Hippotherapie ist eine besondere Therapieform mit Pferden, die den Gleichgewichtssinn schulen soll: Man sitzt dabei auf einem Pferd, das sich im Schritt vorwärtsbewegt. Diese Bewegungsimpulse übertragen sich auf das Becken des Reiters, dessen Muskulatur gekräftigt und stabilisiert wird. Schlaffe Muskeln spannen sich, zu stark gespannte Muskulaturen geben nach. Für einen Menschen mit einer körperlichen Behinderung ist es schon eine riesige Herausforderung, sich überhaupt auf einem Pferderücken zu halten. Man lernt, sein Gefühl für Balance zu verbessern und den Oberkörper aufrechter zu halten.

Schon mit vier Jahren saß ich zum ersten Mal auf dem Rücken eines Pferdes – und wollte gar nicht mehr runter. Reiten, Pferde bürsten – überhaupt die Kommunikation mit diesen wunderschönen, stolzen und so sensiblen Lebewesen, war für mich ein unbeschreibliches Erlebnis. In der Grundschulzeit war ich eine richtige Pferdenärrin, las jede Ausgabe der *Wendy* und alle Ponyhof-Romane, die ich in die Finger kriegen konnte. Ich nahm sogar an Turnieren teil, wobei Trab das schnellste Tempo war, in dem ich reiten durfte. Galopp wäre zu gefährlich gewesen, weil ich mit meinen Beinen nicht richtig »klammern« und mich im Sattel halten konnte.

Schade! Wie sich dieses »Fliegen« anfühlt, hätte ich zu gerne gewusst ...

Trotz aller Vorsicht bin ich als Kind beim Reiten bestimmt fünf- oder sechsmal vom Pferd gefallen, habe mich aber nie ernsthaft verletzt.

Jeden Montag fuhr der Fahrdienst Juliane und mich auf das Gestüt – wir hatten sogar feste Pferde, die wir dann auch pflegen und versorgen durften. Die Therapie hat mir nicht nur sehr viel Spaß gemacht – sie war auch äußerst effektiv: Wenn ich von »meinem« Pferd abstieg, ließen sich meine Beine viel geschmeidiger bewegen als vorher und ich konnte eindeutig besser das Gleichgewicht halten. Die Nähe zu den Pferden und die Wärme, die ihre großen Körper mir gaben, wenn ich auf ihrem Rücken saß, haben mir supergut getan. Ich war richtig euphorisch und ausgelassen, aber auch völlig k. o., wenn ich von einem Ausritt zurückkam. Ein tolles Gefühl!

Leider mussten meine Eltern diese Therapie aus eigener Tasche bezahlen, denn obwohl ihre Wirkung unbestritten ist, wird sie nicht von den Krankenkassen übernommen. Weil laut Aussage des Bundesministeriums für Gesundheit vom 20. Juni 2006 ein therapeutischer Nutzen der Hippotherapie nicht eindeutig nachzuweisen ist, zählt sie zu den »nicht verordnungsfähigen Heilmitteln«. Ich kann bis heute nicht nachvollziehen, dass sie in diesen Studien den für mich wichtigsten Aspekt der Therapie – nämlich den psychischen, sprich die Glücksgefühle, die man auf dem Rücken eines Pferdes erleben kann und die mit Sicherheit sehr heilend sind – komplett außer Acht lassen! Umso dankbarer bin ich, dass meine Eltern mir diese Therapie damals finanziert haben.

Mein Terminkalender platzte aus allen Nähten, fleißig arbeitete ich daran, gesund zu werden – beweglicher und selbstständiger. Und trotzdem trat keine entscheidende Besserung ein. Die Fehlstellung meiner Beine verhinderte irgendwann jeden weiteren Fortschritt. Ich hatte X-Beine, meine Füße waren nach innen gedreht, sodass ich beim Laufen immer wieder über sie stolperte. Diese Tatsache war unter anderem der Grund, warum meine Eltern sich schließlich doch zu der Operation überreden ließen, die die Ärzte schon so lange vornehmen wollten.

An einem verschneiten Dienstag im Dezember war es dann so weit: Ich war neun Jahre alt und stand vor der ersten großen Operation meines Lebens. An der Hand meines Vaters checkte ich nachmittags in dem Zimmer ein, in dem ich die Nacht vor der Operation verbringen sollte. Meine Zimmernachbarin war eine junge Mutter, deren gerade geborenes Baby ohne Unterlass brüllte. Kein Auge würde ich hier zutun können, so viel stand fest. Mein Herz sank in die Hose. »Ach, komm. Wird schon nicht so schlimm«, sprach mein Vater mir Mut zu, sah aber selber ebenfalls verdächtig blass aus.

Tapfer öffnete ich meinen Koffer, stellte den Adventskalender auf, den meine Eltern mir mitgegeben hatten, und schluckte die Tränen hinunter, als mein Vater sich verabschiedete. Ich setzte mich aufs Bett und betrachtete traurig den Kalender, dessen Türchen ich heute nicht öffnen durfte, weil ich vor der Operation einen leeren Magen haben musste. Natürlich lag ich die ganze Nacht wach.

Am nächsten Morgen kam schon sehr früh die Anästhesistin in mein Zimmer, um die Narkose mit mir zu besprechen. Ich hatte keine Ahnung, was ich ihr sagen sollte – ich war ja erst neun. Eine Schwester begann, mich zu waschen, und zog mir einen OP-Kittel an.

Ängstlich wartete ich auf meine Eltern, die eigentlich längst hätten da sein sollen, aber wegen eines fürchterlichen Sturms im Stau feststeckten. In der Zwischenzeit schnitt man mir meine tausend Wolfgang-Petry-Armbänder ab. Ich war todunglücklich: Die Armbänder waren Glücks- und Freundschaftssymbole!

Schließlich konnten die Ärzte nicht länger warten. Anstelle meiner Eltern musste ich nun also selber entscheiden, was ich in Bezug auf die Narkose wollte und was nicht, und mich über mögliche Risiken der OP aufklären lassen. Ich fühlte mich vollkommen überfordert, konnte vor Aufregung und Angst kaum klar denken und wusste überhaupt nicht, was ich sagen, geschweige denn, wofür ich mich entscheiden sollte. Vor lauter Verzweiflung fing ich an zu heulen und bekam erst mal einen Beruhigungssaft. Kaum hatte ich den getrunken, wurde es schnell und hektisch: Ein Arzt ohne jegliches Einfühlungsvermögen fuhr mich an, ich solle mich jetzt endlich mal »auf den OP-Tisch rollen«, die grellen Scheinwerfer blendeten meine Augen, das blanke Metall des Stahltisches fühlte sich an wie Eis in meinem Rücken. Die Anästhesie-Schwester fragte mich, welchen Schmetterling ich haben wollte. Ich guckte sie verständnislos an, bis sie mir zeigte, was sie damit meinte: Um das Narkosemittel in den Körper fließen lassen zu können, muss eine Kanüle auf dem Handrücken gelegt werden, die einem Schmetterling ähnelte. Ich hatte die Wahl zwischen Blau und Rosa – und entschied mich für Blau. Anschließend sollte ich langsam bis zehn zählen. Ich kam nur bis fünf . . .

»Josephine, Josephine!« Ich hörte jemanden meinen Namen rufen. Wie durch Watte. Immer wieder. Ich war so furchtbar müde. Jemand rüttelte an meiner Schulter. Meine

Augenlider fühlten sich an wie Blei, als ich versuchte, sie zu öffnen. Verschwommen nahm ich meine Mutter wahr – und schon war ich wieder weg.

Ein paar Stunden später hatte mein Körper das Narkosemittel so weit abgebaut, dass Mama mich im Aufwachraum begrüßen konnte. Mein Vater wartete oben in meinem Zimmer.

Meine Mutter hatte Tränen in den Augen, weil ich an so vielen Schläuchen hing. Ich hatte eine Fünf-Stunden-Operation hinter mir. Meine Beine, deren Adduktoren (diejenigen Muskeln, die zum Heranziehen eines Körpergliedes verantwortlich sind) etwas weiter nach hinten verpflanzt und deren Kniebeuger (die Muskelgruppe, die für das Beugen des Knies, also die Feinmotorik und Funktion des Kniegelenks zuständig ist) angeritzt worden waren, steckten in dicken Gipsverbänden. Meine Mutter schenkte mir zum Trost eine neue Flipper-Barbie-Puppe im Taucheranzug mit pinken Schwimmflossen, auf die ich mich leider erst mal übergab, weil mir, als Nachwirkung der Vollnarkose, plötzlich furchtbar übel wurde.

Ich fühlte mich so schrecklich und schlapp wie noch nie in meinem Leben und störte mich total daran, dass ich meine Beine nun überhaupt nicht mehr bewegen konnte. Sie waren nicht nur in voller Länge eingegipst, sondern auch noch durch eine Stahlstange fixiert. Jedes Mal, wenn ich instinktiv versuchte, sie heranzuziehen, schlugen sie an den Gips, was sehr schmerzhaft war und mir dauernd die Tränen in die Augen trieb.

Hier lag ich nun also: neun Jahre alt und von der Hüfte abwärts komplett eingegipst. Mir war hundeelend zumute und meine Eltern hatten große Mühe, mich aufzuheitern. Am schlimmsten war, dass sie nicht bei mir bleiben, mit mir gemeinsam in meinem Zimmer übernachten konnten, sondern irgendwann wieder gehen mussten. Und mich alleine ließen – mit Hatice und Jaqueline, meinen neuen Zimmernachbarinnen. Hatice war sehr nett, aber Jaqueline mochte ich nicht besonders. Doch meine Eltern hatten gar keine andere Wahl: Beide mussten arbeiten und sich um Jule und Benni kümmern und der Weg von Kladow zum Krankenhaus war einfach zu lang. Ich weinte beim Abschied und fühlte mich schrecklich verlassen. Aber da musste ich nun durch und wie immer versuchte ich, tapfer zu sein. Ich schluckte die Tränen runter und schlief ein.

Der nächste Morgen war schon viel besser. Die Sonne schien, ich fühlte mich nicht mehr ganz so elend und eine sehr nette Schwester sagte mir, dass ich heute in die Kinderklinik verlegt werden würde. Das fand ich gut, denn ich hoffte, ich würde dort vielleicht Freunde finden oder zumindest jemanden zum Spielen oder zum Reden.

Ich sollte recht behalten: Der »jemand« hieß Benjamin und wurde meine erste große Liebe.

Benjamin

Sechs lange Wochen musste ich in der Klinik bleiben. Meine Eltern organisierten, so gut es ging, dass ich mindestens jeden zweiten Tag Besuch bekam - von Freunden, Verwandten, Klassenkameraden. Außerdem sorgten sie dafür, dass ich den Anschluss an die Schule nicht verlor, und brachten mir - zu meiner großen Begeisterung - stets neue Hausaufgaben mit. Sehr viel glücklicher war ich über die vielen Diddl-Mäuse, die ich geschenkt bekam, und besonders über den Adventskalender, den meine Geschwister für mich gebastelt hatten.

Wegen meiner eingegipsten Beine konnte ich nicht richtig sitzen und musste in meinem Bett in den Speisesaal geschoben werden. Ich war jeden Tag von Neuem froh über die Abwechslung und genoss es, mit den anderen Kindern am Tisch zu lachen und zu essen. Anschluss fand ich schnell: ein paar Jungs und Mädchen in meinem Alter. Und Benjamin! Benjamin war der süßeste Junge, den ich bis dahin kennengelernt hatte, und mein Herz klopfte jedes Mal bis zum Hals, wenn er mich in meinem Zimmer besuchen kam. Er war 14, hatte einen David-Beckham-Irokesenschnitt und blaue Augen. Wenn er mich anlachte, stand mein Magen in Flammen. Eines Nachmittags fragte er mich, ob ich Lust hätte, mit ihm Monopoly zu spielen. Natürlich hatte ich! Und wie! Und so kamen wir ins Gespräch, redeten über dies und das, lachten sehr viel - und verstanden uns ausgesprochen gut. Es war, als ob wir uns schon ewig kannten.

Eine schöne, aufregende Zeit begann und ich wäre in diesen Tagen an keinem Ort der Welt lieber gewesen als gemeinsam mit Benjamin in der Berliner Klinik. Oft kam er in mein Zimmer, löste die Bremsen an meinem Bett und schob es in sein Zimmer, weil er wusste, dass ich meine Zimmernachbarin nicht besonders mochte. Ich hatte zum ersten Mal in meinem Leben das Gefühl, verliebt zu sein. Schmetterlinge im Bauch, Herzchen in den Augen. Vor lauter Aufregung vergaß ich zu essen und schlief sehr schlecht. Aber das war mir alles egal, solange Benni da war.

Leider wurde er nach vier Wochen Aufenthalt entlassen. Ich heulte den ganzen Tag. Zum Abschied gab er mir einen Kuss auf die Wange – mehr ist zwischen uns nicht passiert. Ich habe ihn nie wiedergesehen. Leider! Aber ich bin ihm bis heute dankbar, dass er mir die Krankenhauszeit damals so versüßt hat. Und wenn zufällig jemand, der meine Geschichte liest, einen Benjamin kennt, der 1996 ein paar Wochen vor Weihnachten in einer Kinderklinik in Berlin gelegen hat und damals 14 Jahre alt war, würde ich mich riesig über eine Nachricht freuen!

Zum Glück durfte ich über Weihnachten und Silvester heim – sonst wäre ich wohl komplett im Benjamin-Vermiss-Liebeskummer versunken. Die Fahrt von der Klinik nach Hause gestaltete sich unfreiwillig komisch: Da ich nicht sitzen konnte, versuchte mein Vater, mich auf die Rückbank zu legen. Nur war dafür leider das Auto zu schmal: Meine Gipsbeine ragten immer noch ein Stück aus der Tür. Lachend überlegte mein Papa, mir einfach eine Fahne an den Gips zu binden und die Tür offen zu lassen. Bis ihm noch eine andere Lösung einfiel: Er schraubte den Beifahrersitz herunter und schob mich einmal quer durchs Auto. Meine Mutter setzte sich auf die Rückbank und stabilisierte mich, indem sie meinen Oberkörper auf den Schoß nahm. So kamen wir schließlich warm und sicher zu Hause an.

Es war herrlich, Weihnachten bei meiner Familie zu verbringen, auf dem Sofa vor dem Tannenbaum zu liegen und Geschenke auszupacken. Silvester feierte ich, da ich ja weder sitzen noch stehen konnte, mit Mama im Ehebett.

Ich fand es furchtbar, wieder zurück in die Klinik zu müssen, besonders weil Benjamin nicht mehr da war. Als endlich der Gips entfernt wurde, tat es schrecklich weh, die Knie wieder zu beugen. In den sechs Wochen waren die Gelenke total steif geworden und man brauchte lange, um sie wieder geschmeidig zu machen.

Überhaupt ging es mir nach dem Eingriff alles andere als gut: Bis vor der Operation hatte ich frei laufen können, das heißt, kurze, leichte Distanzen überwinden. Zwar etwas schwankend – aber es war möglich gewesen. Ich konnte frei sitzen, selbstständig auf die Toilette gehen und alle anderen intimen Sachen alleine erledigen. Nach der OP konnte ich gar nichts mehr – nicht mal mehr alleine sitzen! Zum Essen musste ich gefüttert werden und auf die Toilette wurde ich getragen. Ich musste alles ganz neu lernen – das war nicht nur total enttäuschend, sondern vor allem auch sehr demütigend und peinlich für mich.

Natürlich glaubte ich, dass etwas schiefgelaufen sein müsste – schließlich ging es mir nicht besser, sondern viel schlechter als vorher –, aber die Ärzte schworen Stein und Bein, dass alles ganz normal sei und ich nur ein bisschen Geduld haben müsse. Ein bisschen Geduld war maßlos untertrieben: Es dauerte über ein Jahr, bis ich wirklich wieder in der Lage war, so normal wie früher zu leben, obwohl meine

Füße nun wie bei gesunden Menschen nach außen gedreht waren. Und ich bin noch heute überzeugt davon, dass damals bei der OP tatsächlich nicht alles ganz optimal gelaufen ist.

Schief lief auf jeden Fall die Anästhesie: Vermutlich weil ich das Narkosemittel nicht vertrug, bekam ich nach dem Aufenthalt in der Klinik ein paar Jahre lang unter bestimmten Umständen epileptische Anfälle. Immer wenn mir aus irgendeinem Grund übel wurde und ich Gefahr lief, mich zu übergeben, kippte ich um. Ich verdrehte die Augen, bis man nur noch das Weiße darin sah, war komplett weg und krampfte. Für mich selbst fühlte sich dieser Moment absolut schrecklich an. So als würde ich auf dem Dach eines Hochhaus stehen und jemand schubste mich herunter. Das Gefühl des Fallens, wenn einem der Bauch hochfliegt, war einfach furchtbar.

Obwohl es heute neue, vielversprechende Operationsmethoden gibt, bei denen zum Teil ins Rückenmark eingegriffen und Nervenstränge neu verbunden werden, kommen weitere chirurgische Eingriffe für mich nicht mehr infrage. Die Erfahrungen während meiner ersten Operation waren absolut prägend und traumatisch für mich und das Risiko, noch einmal dasselbe oder noch Schlimmeres durchleben zu müssen, ist mir einfach zu hoch. Ich werde mich nie wieder operieren lassen – zumindest nicht, solange es nicht zwingend lebensnotwendig ist!

Eigenes Reich

Zum Glück waren meine Lehrer und der Schulleiter so kulant, dass ich die dritte Klasse trotz meiner langen Abwesenheit nicht wiederholen musste. Nach und nach hatte mich der normale Alltag wieder, fand ich mich wieder in mein Leben ein. Auf dem Zeugnis hatte ich zwar 30 Fehltage, aber die nahm ich gerne in Kauf und versuchte besessen, den versäumten Stoff nachzuholen. Ich wollte in der Klassengemeinschaft bleiben – bloß keine Außenseiterin mehr sein!

Ich hatte die Operation hinter mich gebracht, ich war auf dem Weg in die vierte Klasse und ich hatte mich in Benjamin verliebt. So viel Wichtiges war innerhalb kürzester Zeit geschehen! Kein Wunder, dass ich mir unglaublich erwachsen vorkam und fand, dass es an der Zeit war, dieses Gefühl auch räumlich umzusetzen. Ich wollte ein eigenes Zimmer! Das Problem war nur: Das gab es in unserem Haus nicht! Der einzige noch freie Raum für Individualität war die Wäschekammer – ungefähr sieben Quadratmeter groß. Aber das störte mich nicht. *Platz ist in der kleinsten Hütte,* dachte ich mir und fragte kurz entschlossen meinen Papa, ob künftig ich anstelle der Wäsche in der Kammer wohnen dürfte. Er lachte und willigte ein. Und so wurde der winzige Abstellraum mein erstes eigenes Reich. Ein Bett, ein Tisch, ein Spiegel mit einer Stange davor, an der ich mich festhalten und posieren konnte wie eine Balletttänzerin – mehr passte nicht hinein. Meine Klamotten blieben im Zimmer meiner Schwester zurück.

Ich genoss es unglaublich, meine eigenen vier Wände zu gestalten, tapezierte das Zimmer von oben bis unten mit Postern von der Kelly-Family, setzte meine Lieblings-Barbies zu mir aufs Bett und baute den Kassettenrekorder mit meinen Hörspielen auf. Dann schnappte ich mir ein Buch, lehnte mich zurück, guckte in Paddy Kellys Augen – und träumte von meiner Zukunft. Reich, berühmt und vor allem glücklich wollte ich werden. Das war mein Plan!

Liebeskummer

Nachdem ich den Abschied von Benjamin überwunden hatte, verliebte ich mich kurze Zeit später ein zweites Mal: In meiner Klasse war – außer Juliane und mir – noch ein weiteres Zwillingspärchen: Amelie und Fabian. Leider war ich nicht das einzige Mädchen in meiner Klasse, das Fabian anhimmelte. Er sah umwerfend süß aus: sehr groß, blond, mit tiefblauen Augen. Und er war immer braun gebrannt, weil er ganz viel Tennis spielte. In meinem Bauch flogen Schmetterlinge, wenn ich ihn ansah, und ich träumte davon, seine Freundin zu werden. Also nahm ich eines Nachmittags all meinen Mut zusammen und schrieb ihm einen langen Brief. Darin gestand ich ihm meine Gefühle, sagte ihm, wie toll ich ihn fände, und fragte, ob er mit mir zusammen sein wollte. Ich war noch so euphorisiert von meiner Zeit mit Benjamin, dass ich gar nicht daran dachte, dass er eventuell Nein sagen könnte. Hat er aber. Ich gab ihm den Brief, er las ihn in der Pause und kam in der nächsten Pause zu mir, um mir zu sagen, dass wir gerne Freunde sein könnten – aber mehr nicht, weil ich einfach nicht »sein Typ« wäre. Er meinte damit nicht die Tatsache, dass ich im Rollstuhl saß – er war einfach nicht in mich verliebt. Seine Reaktion war ein Schock für mich. Natürlich habe ich zu Hause erst mal stundenlang geheult. Irgendwie hatte ich geglaubt, das mit der Liebe würde von nun an immer so einfach sein wie mit Benjamin.

Mit rot geweinten Augen und verquollenem Gesicht ging ich schließlich ins Badezimmer und machte eine Bestandsaufnahme: So prickelnd sah ich tatsächlich nicht aus! Kein Wunder, dass Fabian mich nicht wollte! Ich hatte total buschige Augenbrauen und jede Menge Pickel. Meine Haare waren halblang und noch dunkelbraun und der Haarschnitt – wenn man ihn denn überhaupt so nennen konnte – hatte keinen Pfiff. Die Haare hingen an mir runter wie Spaghetti. Ich war nicht besonders begeistert von dem Gesicht, das ich da im Spiegel sah, und beschloss, daran in nächster Zeit mal etwas zu ändern. Aber noch hatte das alles Zeit. Ich war ja erst zehn.

Ziemlich deprimiert kam ich aus dem Bad. Meine Geschwister guckten im Schlafzimmer unserer Eltern gerade die Bambi-Verleihung und ich setzte mich dazu. Ich sah all die schönen Frauen in ihren Abendkleidern, die Preise entgegennahmen und Reden hielten – und plötzlich liefen mir schon wieder Tränen übers Gesicht. So wollte ich auch sein! Dann würde sich Fabian vielleicht auch in mich verlieben.

Mein Bruder, der mich selten so traurig gesehen hatte, lief irgendwann in die Küche, um mir Taschentücher zu holen. Als er sie mir reichte, streichelte er sanft meine Schulter – das war die süßeste und mitfühlendste Geste, die ich bis dahin von ihm erlebt hatte. Wenigstens ein Junge, der mich liebte!

Höher, schneller, weiter – Schulwechsel

Die Grundschulzeit ging zu Ende und die Frage, wie es nun weitergehen sollte, wurde immer drängender: Meine Klassenlehrerin empfahl meinen Eltern die Hauptschule für mich, worüber wir alle total entsetzt waren. Hauptschule? Nur weil ich im Rollstuhl saß, hieß das doch nicht, dass ich es nicht unter Umständen noch sehr weit bringen würde. Und meine Noten waren doch eigentlich ganz gut. Wieso sollte ich später nicht studieren können und beruflich Erfolg haben? So früh wollten meine Eltern auf keinen Fall schon die Weichen für mein Leben stellen und hatten sich deshalb schon früh einen genialen Trick ausgedacht: Sie hatten dafür gesorgt, dass ich in der Grundschule als erste Fremdsprache Französisch wählte. Und mit Französisch als erster Fremdsprache konnte man nach der vierten Klasse nicht auf die Hauptschule geschickt werden – das ging nur mit Englisch. Meine Klassenlehrerin konnte sich also auf den Kopf stellen, wie sie wollte: Ich kam auf die Bertolt-Brecht-Oberschule, eine vollkommen normale Gesamtschule. Doch schon bei der Anmeldung waren sich meine neuen Lehrer darin einig, dass der höchste Abschluss, den ich erreichen könnte, der Realschulabschluss war. Niemand traute mir offenbar etwas zu. Ich war wütend und gekränkt. Warum wussten alle schon im Voraus, dass ich es nicht bis zum Abitur schaffen würde? Ich beschloss, mich nicht entmutigen zu lassen, und es allen zu zeigen. Ich würde schon dafür sorgen, dass ich die Karriereleiter nach oben rollte . . .

Und ich schaffte es! Ich kam tatsächlich in die Oberstufe.

Obwohl mir das Lernen sehr schwerfiel. Doch zum Glück hatte ich immer eine Schulhelferin zur Seite, die mich unterstützte, wenn ich aufgrund meiner Erkrankung benachteiligt war. Beim Diktat zum Beispiel: Ich kann zwar gut und leserlich schreiben – aber nicht schnell! Deshalb kam ich oft nicht hinterher, sodass meine Schulhelferin Frau Justiz mir den Text noch mal langsam in einem anderen Zimmer diktierte. Diese und andere kleine Unterstützungen haben mir sehr geholfen, das Leistungsniveau zu halten, auch wenn meine Mitschüler mich dauernd verdächtigten zu schummeln. Weil ich das nicht auf mir sitzen lassen wollte, hat bei späteren Diktaten alle 20 Minuten ein Lehrer reingeguckt, um zu bestätigen, dass alles mit rechten Dingen zuging. Das war wichtig für mich, denn ich wollte meinen Klassenkameraden und Freunden unbedingt gefallen. Ich wollte nicht anders sein, ich wollte keine Extrawurst – ich wollte so sein wie sie! Um mich beliebt zu machen, habe ich vielen Mitschülern auch immer wieder meine Hausaufgaben zum Abschreiben gegeben. Und wenn es rauskam, habe ich nie jemanden verpfiffen – obwohl ich oft großen Ärger bekam.

Insgesamt kam ich in der Schulzeit relativ gut im Unterricht mit und schaffte es am Ende – allen anfänglichen Widerständen zum Trotz – tatsächlich, das Fachabitur zu machen. Im Gegensatz zu meinem Bruder, dem das Lernen sehr leichtfiel, musste ich allerdings viele Nachmittage dafür büffeln.

Besonders dankbar bin ich meinem damaligen Lieblingslehrer und Tutor Herrn Friedrich: Er hat mich von der siebten bis zur zehnten Klasse separat in Mathe unterrichtet und es geschafft, mir den Spaß an dieser für mich so schwer erfassbaren, trockenen und komplizierten Materie zu vermitteln. So wurde ich mit seiner Hilfe mit der Zeit sogar zu einer regelrechten Mathe-Koryphäe. Auch in der Oberstufe stand Herr Friedrich mir weiter in Mathe zur Seite, wenn es nötig war. Ich habe ihn wirklich ins Herz geschlossen.

Doch obwohl ich in der Schule erfolgreich war, wurde ich nach dem Wechsel von der Grund- auf die Gesamtschule allmählich immer unzufriedener mit meinem Leben. Es schien nur aus Mühsal und Arbeit zu bestehen: Kaum hatte ich meinen Schultag hinter mir, musste ich auch schon zur Krankengymnastik hetzen. Jeden Nachmittag dasselbe Programm - ich hatte praktisch nie Zeit, mich mit Freunden oder Schulkameraden zu treffen, kam immer erst abends nach Hause. Mein Leben schien nur noch in Klassen- oder Praxisräumen stattzufinden.

Resignation

Es kam schleichend – und vielleicht hing es auch mit der beginnenden Pubertät zusammen. Mit zwölf Jahren hatte ich jedenfalls eine Phase, in der ich sämtlichen Lebensmut verlor. Ich fand mein Leben anstrengend, total spaßarm – und völlig perspektivlos. Was sollte denn da noch kommen? Was würde bei mir schon noch Tolles passieren? Die Jungs fanden mich unsexy, meine Erkrankung würde höchstens noch schlimmer werden. Jeden Tag wurden meine Gedanken düsterer. Ich fühlte mich zunehmend kraftlos und traurig.

Meine Eltern bemerkten die dunklen Wolken, die über meiner Seele aufzogen – und machten sich große Sorgen. Immer hatten sie mir vermittelt, dass es sich lohnte zu kämpfen. Dass man aus jeder Situation das Beste machen sollte. Und dass Aufgeben nicht infrage kam. Und nun mussten sie hilflos mit ansehen, wie ich mehr und mehr in mir zusammensank.

Ich hatte kaum noch Appetit, starrte apathisch vor mich hin, zog mich immer öfter in mein Zimmer zurück und hörte Musik. Ich lachte nur noch selten und redete immer weniger. Die Tatsache, dass ich anders war als meine Familie, anders als alle, die ich kannte, war mir schmerzhaft und brennend bewusst. Mein Leben würde niemals normal sein, immer ein Kampf. Ich fühlte mich überfordert, dagegen anzukämpfen. Ich hatte keine Kraft mehr für positives Denken.

Meine Familie tat ihr Bestes: Meine Eltern luden mich ins Kino ein, kochten mein Lieblingsessen, brachten mir CDs mit, meine Geschwister schenkten mir Schokolade – aber nichts davon konnte mich aufheitern. Ich stürzte mehr und mehr in den tiefen Abgrund einer inneren Hoffnungslosigkeit.

Herzenswünsche e.V. – mit Paddy Kelly durch die Krise

»Nur wer Träume erfüllt bekommt, ist in der Lage, an neue Träume zu glauben und sie sich eines Tages selbst zu erfüllen.« (Verfasser unbekannt)

Ich kenne keinen Menschen, der so wenig bereit ist aufzugeben, wie meine Mutter! Wild entschlossen, meiner trüben Stimmung ein Ende zu setzen, spürte sie den Verein Herzenswünsche e. V. auf – eine ehrenamtliche Organisation, die es sich zum Ziel gemacht hat, die größten Wünsche von kranken, behinderten oder benachteiligten Kindern und Jugendlichen zu erfüllen. Eines Tages setzte sie sich an ihren Schreibtisch und schrieb dem Verein einen langen Brief. Darin schilderte sie meine Situation, mein bisheriges Leben – und meinen größten Wunsch. All dies tat sie heimlich. Ich wusste nichts von ihrem Plan. Bis sie eines Nachmittags in meiner Tür stand und sagte: »Josy, pack deinen Koffer, wir treffen die Kelly Family!« Ich war sprachlos. Überwältigt, glücklich, vollkommen geschockt. Die Mitglieder der Kelly Family waren meine absoluten Superstars. Zwischen elf und 14 war ich der vermutlich größte Kelly-Family-Fan der Welt: Ich hörte Tag und Nacht ihre CDs, konnte alle Lieder auswendig und sammelte jeden Zeitungsschnipsel, den ich in die Finger bekam. Dafür hatte ich extra einen Ordner angelegt, den ich jeden Abend durchblätterte. Und ich nahm sogar Gitarrenunterricht, um ihre Lieder nachspielen zu können. Wegen meiner schlechten Feinmotorik klappte das allerdings nicht besonders gut.

Mit Britney Spears, den Backstreet Boys oder Madonna konnte ich nichts anfangen. Die fand ich einfach nur langweilig. Ich stand ausschließlich auf die Kellys. Wenn Angelo sang, bekam ich Gänsehaut, in Paddy Kelly war ich unsterblich verliebt.

Meine damalige Lieblingstherapeutin Martina hatte mir ein weißes T-Shirt mit seinem Gesicht bedrucken lassen. Das trug ich täglich; um es mal waschen zu können, mussten meine Eltern mich regelrecht dazu zwingen, das Shirt auszuziehen.

Fast jede Nacht träumte ich von Paddy und den anderen Mitgliedern der Kelly Family und wünschte mir, ihnen zu begegnen. Aber ich hätte natürlich nie gedacht, dass mein größter Wunsch wirklich in Erfüllung gehen könnte. Schlagartig kehrte ab diesem Tag wieder das Leben in mich zurück. Die Aussicht, meine absoluten Idole zu treffen, war wie eine Energiespritze für mich.

Im Zuge der Expo 2000 in Hannover gab die Kelly Family am 8. Oktober auf dem Expo-Gelände ein Konzert vor 4.200 Zuschauern. Der Verein Herzenswünsche e. V. schaffte es tatsächlich, exklusiv für mich und ein paar andere Kinder ein Treffen mit der irisch-amerikanischen Großfamilie direkt vor ihrem Auftritt backstage in der Garderobe zu organisieren! Schon Wochen vorher konnte ich nicht mehr schlafen. Und dann war es so weit: Meine Mutter, Juliane und ich packten einen kleinen Koffer und setzten uns in die Bahn nach Hannover. Vor Aufregung war ich nicht mal in der Lage, etwas zu essen, kriegte gerade mal ein paar Schlucke Orangensaft hinunter. Am Tag zuvor hatte ich stundenlang überlegt, was ich bloß anziehen sollte. Was ich die Kellys fragen wollte. Wie sie in Wirklichkeit wohl aussahen. Und ob sie mich mögen würden.

Auf der Bahnfahrt fühlte ich mich irgendwie besonders. Anders als alle die anderen, die vor und hinter mir saßen – denn nur ich würde heute richtige Stars treffen. Ich kam mir wie eine Geheimnisträgerin vor und musste mehrmals stolz in mich hineingrinsen.

Die »Herzenswünschler« hatten in Hannover ein Hotelzimmer für uns reserviert. Auch das war neu und aufregend für mich: Die kleinen Schokoladenpäckchen auf den strahlend weißen, gestärkten Kopfkissen, die Shampoo- und Bodylotion-Fläschchen, die niedlichen Seifen und Cremes im Badezimmer, die Hotel-Pantoffel, der Bademantel und natürlich die Minibar. Aufgeregt inspizierte ich die Räume, die in den nächsten 24 Stunden unser Zuhause sein würden.

Nachdem wir unseren Koffer ausgepackt und mir die Sachen rausgelegt hatten, die ich heute Abend anziehen würde, nahm ich in der herrlich großen Badewanne ein ausgiebiges Schaumbad. Begeistert schlüpfte ich danach in die Frottee-Pantoffel und kuschelte mich in den wunderbar flauschigweichen Bademantel. Auf diese Weise etwas entspannt und beruhigter, zog ich mich schließlich an, föhnte mir die Haare und dann ging's auch schon los. Mit dem Taxi fuhren wir aufs Expo-Gelände – und trauten unseren Augen kaum. Etwas so Gigantisches hatten wir bis dahin noch nie gesehen: Auf dem mehrere Kilometer großen Gelände standen unzählige Pavillons und Hallen und Tausende von Menschen aus den verschiedensten Nationen wuselten durcheinander.

Ein paar Wochen später erfuhr ich aus der Zeitung, dass die Expo ein totaler Flop gewesen war: Statt der erhofften 40

Millionen kamen insgesamt »nur« 18 Millionen Besucher nach Hannover.

An diesem 8. Oktober jedoch hatte ich einen ganz anderen Eindruck – oder war einfach viel zu aufgeregt, um meine Umgebung richtig wahrzunehmen. Als wir vor Halle elf ankamen, begrüßte uns ein Security-Mann, der schon Bescheid wusste, und führte uns ohne Umwege sofort in den Backstage-Bereich. Ich war sprachlos angesichts der Größe der Halle und der Tatsache, dass ich mich nun wirklich hinter der Bühne befand. Techniker liefen hin und her, Bühnenarbeiter gaben sich per Walkie-Talkie gegenseitig Anweisungen, Journalisten standen mit Mikrofonen und Kameras herum und hofften auf ein paar originelle Szenen.

Die anderen Kinder und ich mussten noch etwas warten, da die Kellys gerade ein Interview gaben. Eine Assistentin, die wie alle hier an einem Band um den Hals einen Ausweis trug, brachte uns Kaffee und Saft. Dann brachte man uns drei Namensschilder in Herzform. Ich strahlte. Nie wieder würde ich das ablegen, beschloss ich.

Ich war so aufgeregt, dass ich fast befürchtete, noch vor der Begegnung mit meinen Stars in Ohnmacht zu fallen. Das wollte ich natürlich auf keinen Fall, also riss ich mich zusammen. Spannung lag in der Luft. Noch 60 Minuten bis zum Konzertbeginn. Man hörte, wie sich der Raum vor der Bühne nach und nach füllte. Kinderstimmen, Lautsprecheransagen, Getrampel, Geruckel, Geraschel. Irgendwie knisterte es überall ...

Und dann war es so weit: Ein Security-Mann mit Kopfhörer im Ohr und Mikro vor dem Mund kam auf uns zu und brachte uns durch mehrere Gänge in einen Raum direkt hinter der Bühne. Kaum waren wir drin, öffnete sich die Tür wieder – und hintereinander kamen sie rein: Paddy, Joey und Angelo Kelly! Sie lachten und begrüßten uns herzlich, schüttelten meine Hand und fragten mich, wie es mir ginge. Ich konnte das alles gar nicht fassen, kam mir vor wie in einem Traum. Ganz verdattert registrierte ich, wie viel größer und hübscher Paddy in Wirklichkeit aussah. Wie anders als im Fernsehen. Nahm erst viel später wahr, dass er mir gerade die Hand geschüttelt hatte, dass ich seine Haut, seinen Körper GEFÜHLT hatte – da sollte ich auch schon Fragen beantworten. Ich gab mir innerlich selbst einen kleinen Schubs. Schließlich hatte ich mir ja vorgenommen, jede Sekunde dieses Abends ganz bewusst auszukosten. Darüber nachdenken könnte ich auch später noch. Fieberhaft überlegte ich, was ich Paddy fragen wollte – und ließ mir solange Autogramme geben: auf mein T-Shirt, in mein Album – und sogar auf den linken Arm.

Plötzlich stand dann auch Jimmy in der Tür. Ich konnte mein Glück kaum fassen. Vier Kelly-Geschwister – alle in einem Raum. Doch mein absoluter Liebling war und blieb Paddy. Mit hochroten Wangen sagte ich ihm, dass ich ihm etwas gestehen müsse. Er beugte sich zu mir herunter, ich guckte ihm in die Augen und krächzte: »Ich mag dich voll!« Etwas Besseres fiel mir nicht ein. Heute wäre mir das total peinlich, aber damals habe ich mir keine Gedanken darüber gemacht.

Paddy grinste und strich mir sanft über den Rücken. Ich schwebte im siebten Himmel. Wir machten noch ein Foto zusammen und dann war unsere Zeit auch schon rum. Wenige Minuten später begann das Konzert. Ich kriegte kaum etwas davon mit, weil ich immer noch absolut berauscht von dieser unglaublichen Begegnung war: Etwas, das ich nie für möglich gehalten hätte, war in Erfüllung gegangen! Wenn das ging, dann waren auch noch ganz andere Sachen möglich, war ich mir plötzlich sehr sicher. Mein Leben würde wunderbar werden. Ich musste es bloß wollen und ganz fest daran glauben! Diese Erkenntnis war unendlich wichtig für mich und sollte mir auch später in schwierigen Situationen immer wieder Kraft geben.

Plötzlich bekam das Konzert eine ganz andere Dimension für mich. Es war wie eine Art Gospel, eine Ovation für das Einschlagen eines neuen Weges. In mir prickelte es vor Freude; so wach und lebendig hatte ich mich seit Wochen nicht gefühlt.

Vollkommen euphorisiert kehrten meine Mutter, Juliane und ich nach dem Konzert in unser Hotelzimmer zurück. Ich war erschöpft und überglücklich. Aber vor allem war ich meiner Mutter, die dies alles möglich gemacht hatte, unendlich dankbar. Tief gerührt fiel ich ihr um den Hals. Sie hatte mich tatsächlich gerettet.

Neue Gedanken – neue Kraft

Nach der Begegnung mit den Kellys war mein Leben nicht mehr dasselbe – und zwar nicht nur, weil ich jetzt immer mit einer Plastiktüte über dem linken Arm duschte, um das Autogramm zu schonen.

Ich fühlte mich irgendwie innerlich erleuchtet. So als hätte jemand eine Kerze in mir angezündet. Ich war plötzlich von einem unerschütterlichen Glauben erfüllt. Daran, dass sich schon alles zum Guten wenden würde – und vor allem daran, dass Wunder möglich sind!

Immer wenn ich wieder in Traurigkeit oder Verbitterung abzurutschen drohte, habe ich an die Begegnung mit den Kellys gedacht und dann ging es mir wieder besser. Ich akzeptierte auf einmal meinen Zustand, meine Situation, mein Leben. Auch wenn es gerade nicht so einfach war. Ich kam voll in die Pubertät und verfolgte aufgeregt, wie sich mein Körper veränderte. Meine Stimmung schwankte von einem Tag auf den anderen: himmelhoch jauchzend und zu Tode betrübt – so war es wirklich.

In meinem kleinen Zimmer beschäftigte ich mich abends mit meinen Kelly-Family-Ordnern oder dem Ordner über die No Angels, die ich inzwischen auch ganz gut fand. Ich liebte es, die Zeitungsausschnitte auszuschneiden und einzukleben, während ich ihre Lieder hörte. Irgendwie fühlte ich mich ihnen auf diese Weise sehr nah.

Am Wochenende, wenn weder Schule noch Therapien anstanden, ging ich mit meinen Geschwistern oder einer

Freundin ins Kino oder auch mal eine Pizza oder ein Eis essen. Ich hörte auch immer noch sehr gerne Bibi Blocksberg oder spielte ab und zu mit meinen Barbies.

Währenddessen begannen die anderen Mädchen aus meiner Klasse, sich mehr und mehr für Jungs zu interessieren. Lasen BRAVO GIRL und MÄDCHEN, berieten sich darüber, wie man richtig küsst und so weiter. Von all diesen Themen war ich noch weit entfernt. Meine Tage bestanden nach wie vor hauptsächlich aus Schule und Therapie: Krankengymnastik, Bewegungs- und Hippotherapie – und vor allem auch Schwimmen. Am liebsten tauchte ich: Ich liebte es, in der Schwerelosigkeit hinabzugleiten und zum Beispiel Ringe vom Beckenboden zu holen. Das Wasser trug meinen Körper, als hätte er kein Gewicht – vergessen waren jegliche motorische Beeinträchtigungen. Die Stunden im Schwimmbad bereiteten mir so viel Spaß, dass ich ständig neue Badeanzüge brauchte. Die Dinger hielten einfach nicht lange im Chlorwasser.

Mithilfe eines Schwimmbrettes oder einer Schwimmnudel konnte ich auch über Wasser schwimmen, fühlte mich dadurch aber irgendwie doch eingeschränkt.

Bei der Aqua-Balancing-Therapie bekam ich eine Klammer auf die Nase, damit ich kein Wasser einatmete, und wurde von der Therapeutin ein paar Sekunden lang unter Wasser auf dem Arm gehalten. Ein Gefühl, wie im Mutterleib zu treiben. In diesem schwerelosen Zustand sind – genau wie beim Tauchen – alle motorischen Schwierigkeiten unerheblich. So stelle ich mir Schweben vor: endlich von der kräftezehrenden, für mich so mühsamen Schwerkraft befreit, fähig, sich unbeschwert und ohne Probleme zu bewegen!

Tuberkulose

Auf einer dieser Fahrten hin oder zurück zur Schwimmtherapie muss es dann passiert sein. Es ist bis heute nur eine unbestätigte Vermutung, aber wir haben den Verdacht, dass einer der Fahrer, die mich ins Schwimmbad brachten, an Tuberkulose erkrankt war und mich angesteckt hat!

Dass der nette Typ hinter dem Steuer, der mir immer so freundlich rein- und raushalf, mit einer der gefährlichsten und tödlichsten Krankheiten der Welt infiziert war, ahnte ich damals natürlich nicht. Er selbst vermutlich auch nicht, denn eine Tuberkuloseerkrankung bemerkt man oft nicht sofort: Bei mindestens zehn Prozent der Menschen, die infiziert sind, bricht die Krankheit erst zu einem späteren Zeitpunkt aus. Sie befällt dann am häufigsten die Lungen und äußert sich durch wochenlang anhaltenden Husten, Abgeschlagenheit, Müdigkeit, erhöhte Temperatur am Abend und Nachtschweiß. Die Übertragung erfolgt in der Regel durch Tröpfcheninfektion, zum Beispiel durch Husten. Fies ist, dass die Erreger stundenlang in der Raumluft verbleiben können.

Dass ich mich angesteckt hatte, kam nur durch puren Zufall ans Licht: Bei einer der jährlichen Vorsorgeuntersuchungen, die ich regelmäßig bei unserem Kinderarzt machte, wurde ein Schnelltest überraschenderweise rot, obwohl er keine Verfärbung aufzeigen sollte. Der Arzt traute seinen Augen kaum – ich natürlich auch nicht. Ich hatte Riesenglück im Unglück, dass die Infektion bei mir auf diese Weise RECHTZEITIG bemerkt wurde. Rechtzeitig hieß in diesem

Fall, dass sich die Erreger noch nicht in meinem Körper ausgebreitet hatten und die Krankheit durch eine gezielte Therapie vollständig ausgeheilt werden konnte.

Ein halbes Jahr lang musste ich regelmäßig mit meinem Vater in die eine Autostunde entfernte Lungenfachklinik in Heckeshorn reisen, um dort eine ambulante Chemotherapie und ständige Röntgenaufnahmen über mich ergehen zu lassen: Tuberkulose wird mit einer Mixtur aus diversen sehr starken Antibiotika bekämpft – diese Mischung nennt man »Chemo« und sie hat zum Glück nichts mit Bestrahlung zu tun. Die Haare hätten mir dabei trotzdem ausfallen können, denn zusätzlich zu den Antibiotika nahm ich ein sehr aggressives Medikament ein, von dem die Ärzte sagten, dass mir während der Behandlung entweder die Haare ausfallen würden oder ich mich permanent übergeben müsste. Ich bin froh, dass ich mich »nur« dauernd übergeben musste – ohne Haare, das hätte ich schon ein bisschen sehr krass gefunden. Bei aller Tapferkeit.

Die ständige Übelkeit war furchtbar. Mit der Zeit fühlte ich mich völlig entkräftet: Mein Körper kämpfte gegen die Infektion und wurde gleichzeitig bis zum Anschlag mit Chemie vollgepumpt. Unendlich lange anderthalb Jahre sollte es dauern, bis die Erreger vollständig ausgemerzt waren. Eine endlos dauernde, hammerharte Zeit. Auch weil mich die Infektion mitten in der schlimmsten Pubertätsphase erwischte, in der es mir sowieso nicht besonders gut ging. Trotz der Begegnung mit der Kelly Family und meinen Vorsätzen, mich nie wieder durchhängen zu lassen, wurde ich jeden Tag trauriger. Es war einfach zu viel.

Nicht nur einmal dachte ich, dass es jetzt wirklich mal reichte mit den Prüfungen und Härtetests. Was sollte ich denn noch alles durchstehen? Und wieder waren da meine Mutter und mein Vater, die mich wieder aufbauten. Mir kleine Geschenke machten und auch sonst auf jede erdenkliche Art und Weise versuchten, mir die Zeit während und nach der Krankheit erträglicher zu machen.

Gestärkt hat mich in diesen Monaten die Tatsache, dass ich ein relativ normales Umfeld hatte, weiter zur Schule gegangen bin und alles in allem versuchte, mein Leben so gut wie irgend möglich trotzdem durchzuziehen. Wie schon so oft verdrängte ich die Stressgefühle mit aller Kraft, weil ich unbedingt von meinen Freunden und Mitschülern als gleich und ebenbürtig angesehen werden wollte. Auf Rücksichtnahme und Mitleid konnte ich gut verzichten! Ich wollte einfach leben, wie die anderen lebten. Dafür war ich bereit, alle Schmerzen und alle Sorgen runterzuschlucken. Ich wollte ENDLICH normal sein! Und diese kleinen fiesen Tuberkulosebakterien würden mich ganz bestimmt nicht daran hindern. Das schwor ich mir. Und ihnen!

Dieses »Normalsein« wurde immer schwieriger: Weil ich wegen meiner körperlichen Geschwächtheit und der Pubertät bei der Krankengymnastik nicht mehr so beweglich war, musste ich noch mehr Krankengymnastik machen, damit die Muskeln nicht noch mehr abbauten und ich weiterhin so beweglich blieb wie bislang.

Das zweite Problem war ein äußerliches: Aufgrund der Pubertät und vielleicht auch wegen der Chemo bekam ich jede Menge Pickel, gegen die kein Clearasil mehr half. *Na toll, jetzt werde ich auch noch hässlich,* dachte ich eines Morgens, als ich mein rot verpickeltes Gesicht im Spiegel sah, und brach in Tränen aus. Meine Mutter stürzte sofort zur Tür herein, nahm mich in den Arm und tröstete mich. Und dann machte sie etwas noch viel Besseres: Sie ging zum Telefon und vereinbarte einen Termin bei einer Kosmetikerin für mich. Die Behandlungen, Gesichtsreinigungen und Lotionen, die ich dort bekam, brachten schnell Besserung. Noch mehr Besserung brachte allerdings die Pille, die mir meine Frauenärztin verschrieb: Innerhalb weniger Wochen hatte ich wieder eine ganz ebenmäßige, samtige Haut. Zumindest dieses Problem ließ sich also schnell und erfolgreich bekämpfen!

Ich schöpfte wieder Lebensmut – der einen gewaltigen Schub bekam, als mir meine Mutter kurz vor Weihnachten ein ganz besonderes Kuvert überreichte.

Das schönste Weihnachtsgeschenk: Wiedersehen mit den Kellys

Das Kuvert enthielt zwei Karten für das Kelly-Family-Konzert am 22. Dezember 2001 in Dresden und einen Brief von »Herzenswünsche e. V.«, in dem der Verein mir ankündigte, dass ich die Kelly Family noch mal backstage treffen durfte! Ich jubelte vor Freude und fiel meiner Mutter um den Hals. Zum zweiten Mal holten sie und die Mitarbeiter von Herzenswünsche e. V. mich aus einer tiefen Krise. Mein Herz klopfte wie verrückt beim Gedanken daran, dass ich die irischen Geschwister wiedersehen durfte.

Wieder packten wir Koffer, wieder überlegte ich mir stundenlang, was ich bloß anziehen sollte, wieder konnte ich nächtelang nicht schlafen, weil ich grübelte, was ich Paddy alles fragen, was ich sagen wollte – um diese einmalige Chance, ihm noch mal nahe zu kommen, nicht zu vermasseln. Und natürlich hoffte ich dabei auch ein bisschen, dass er sich an mich erinnern würde . . .

Wie ein Jahr zuvor fuhren wir mit der Bahn und erneut hatten die Herzenswünschler ein Hotelzimmer für uns reserviert – und was für eins! Diesmal residierten meine Mutter, Juliane und ich gemeinsam mit fünf anderen Kindern, die ebenfalls die Chance bekamen, die Kellys zu treffen, im noblen Hotel Hilton mit Blick auf die Frauenkirche und über die Elbe. »Wir freuen uns sehr, Sie als Gäste in unserem Haus begrüßen zu dürfen!«, empfing uns ein äußerst freundlicher Concierge, als wir im Hotel ankamen. Ich fühlte mich wie ein

Filmstar. Ein Page begleitete uns auf unser Zimmer, trug unsere Koffer und fragte dauernd, ob wir noch etwas bräuchten. Zum ersten Mal in meinem Leben gab ich ein Trinkgeld. Zur Feier des Tages – und damit ich mich endlich ein bisschen entspannte, köpften wir drei Frauen einen Piccolo aus der Minibar. Es war einfach nur toll, das prickelnde, eiskalte Getränk die Kehle hinunterlaufen zu spüren, während wir auf dem Balkon standen und auf die glitzernde Elbe blickten.

Vor dem Treffen mit den Kellys gab es ein Essen im Hotelrestaurant für uns. So edel hatte ich bis dahin noch nie gespeist: Der dicke Teppich schluckte jedes Geräusch und machte die Atmosphäre im Restaurant extrem vornehm, die Kellner trugen schwarze Anzüge und die Karte war so exquisit und exotisch, dass ich nur die Hälfte verstand. Ich wusste zunächst auch gar nicht, was ich mit den gestärkten weißen Stoffservietten anfangen sollte. Sie schienen mir viel zu teuer und ich hatte ziemliche Angst, mich vollzukleckern. Weil weder meine Mutter noch ich wussten, was sich hinter »Pangasius-Sashimi an Trüffelöl« oder »Duett von Artischocken-Böden und Eismeer-Crevetten« verbarg, bestellten wir Pasta. Die Nudeln schmeckten außergewöhnlich lecker, und da die anderen am Tisch locker und lustig waren, verflog auch bald die steife Atmosphäre. Zum Dessert orderte ich mir einen unvergesslich köstlichen Eisbecher und seufzte vor Glück.

Aber die größte Überraschung wartete noch auf uns: Unmittelbar nach dem Essen hielt ein VIP-Shuttle-Bus mit getönten Scheiben vor dem Hotel, der uns zum Konzert bringen sollte. Staunend stiegen wir ein und kamen uns auf den Ledersitzen einmal mehr vor wie echte Stars. Als der Bus direkt in den Backstage-Bereich der riesigen Konzerthalle fuhr, begannen die Fans, die bereits vor den Absperrungen lauerten, laut zu kreischen, weil sie dachten, wir wären die Kellys. So fühlte es sich also an, berühmt zu sein. Ich war absolut fasziniert.

Ein Mitarbeiter des Konzertveranstalters nahm uns in Empfang und brachte uns hinter die Bühne. Alles ähnlich wie beim ersten Mal also – und doch alles ganz anders: Denn diesmal warteten tatsächlich zehn (!) Kellys in der Garderobe. Auch Patricia, die ich so gerne mochte und die erst vor einem Monat einen Sohn bekommen hatte, war mit dabei. Mit ihr verstand ich mich so gut, dass ich sogar ihr Baby halten durfte. Vor lauter Rührung und Aufgewühltheit strahlten meine Augen, als hätte jemand 1.000 Sterne hineingestreut – so glücklich war ich!

Gerührt nahm mich Patricia in den Arm, hielt mich lange sehr fest und flüsterte mir eindringlich ins Ohr, dass ich immer weitermachen und niemals aufgeben solle. Sie sagte, dass sie mir viel Kraft wünsche und in Gedanken in Zukunft immer bei mir sein würde. Sie war so warmherzig und freundlich. Und ich wusste: Auch dieses Treffen würde ich niemals wieder vergessen!

Nach unserem Besuch in der Garderobe begann das Konzert. Es war eines der ersten Konzerte der Kelly-Weihnachtstournee und die Geschwister spielten etliche neue Songs, die ich noch gar nicht kannte. Sie waren anders als ihre bisherigen Lieder: moderner, rockiger. Nicht nur ich entwickelte mich also weiter, auch die Kellys wandelten sich! Zu den Trennungs- und Band-Auflösungs-Gerüchten, die seit ein paar Wochen durch die Presse geisterten, äußerte sich Joey einmal kurz vor einem Song: »Von einer Auflösung der Gruppe kann überhaupt keine Rede sein!« Das beruhigte mich sehr. Ein Leben ohne die Kellys konnte ich mir nicht vorstellen.

BRAVO und die Sehnsucht nach Scheinwerferlicht

Nach dem zweiten Backstage-Treffen mit den Kellys hatte ich Blut geleckt! Das wollte ich auch! Ich wollte auch berühmt werden, im Rampenlicht stehen, Fans haben, Autogramme geben und mich im Blitzlichtgewitter der Fotografen sonnen. Ich war absolut Star-fanatisch – und dabei ehrlich gesagt nicht besonders wählerisch: Ich fand diese Woche diesen Sänger gut und die nächste Woche jenen TV-Darsteller. Jeden Donnerstag kaufte ich mir die BRAVO, blätterte mich atemlos durch die Stars und Sterne und überlegte fieberhaft, wie ich der großen, verheißungsvollen Welt des Showbiz näherkommen konnte. Zunächst einmal begann ich damit, möglichst viele Autogrammstunden meiner Stars zu besuchen. Die von mir so angebeteten Größen nicht nur im Fernsehen, sondern auch live sehen zu können, hatte etwas total Faszinierendes für mich: Etwas, das auf den ersten Blick unerreichbar erschien, wurde plötzlich greifbar und real. Die Tür zu einer Welt, in die ich unbedingt einen Blick werfen und in der ich am liebsten selbst leben wollte, öffnete sich einen Spalt. Die Treffen hatten einen genialen Nebeneffekt für mich: Aufgrund meiner Behinderung wurde ich in meinem Rollstuhl meistens sofort ganz nach vorne geschoben. Zum ersten Mal merkte ich, dass meine Behinderung nicht nur Nachteile, sondern manchmal auch Vorteile hatte. Viele Stars legten nämlich großen Wert darauf, sich in der Öffentlichkeit sozial engagiert zu zeigen, und ließen sich gerne mit mir von der örtlichen Presse fotografieren. Gut für mich: So gab es etliche Bilder von mir in Zeitungen, Arm in Arm mit den DSDS-Stars, mit den Girls von Monrose und diversen VIVA-Moderatorinnen und einmal sogar mit Dieter Bohlen. Der war sehr cool und lustig – und nicht die Spur arrogant. Total ruhig und geduldig kniete er sich fürs Foto neben mich und unterhielt mich, bis das Bild im Kasten war. Wegen seiner witzigen Sprüche habe ich auf dem Foto nachher total gestrahlt. Ich war nur etwas überrascht, dass er ganz anders aussah als im Fernsehen: extrem braun und mit viel mehr Falten im Gesicht.

Ich ließ mir von jedem ein Autogramm auf die Schutzbleche meines Rollstuhls geben – so waren meine Stars auch im Alltag immer bei mir. Die Besuche der vielen Autogrammstunden waren noch nicht das Ziel meiner Träume – aber immerhin ein Anfang. Auf diese Weise landete ich unter anderem mehrmals in der Bild-Zeitung und einmal sogar im Fernsehen, in der RTL-Sendung *Punkt 12*.

In dieser Zeit sammelte ich auch erste Casting-Erfahrungen: In der Schule fragte unsere Lehrerin eines Tages, ob wir nicht Lust hätten, in einer RTL-Serie als Komparsen mitzuspielen. Ich war natürlich sofort hellauf begeistert. Die Serie hieß *Mitten im Leben* und lief immer Freitagabend auf RTL. Und das Beste daran war: Heiner Lauterbach spielte eine der Hauptrollen! Schon war ich meinem großen Traum wieder ein Stück näher gekommen.

Der Drehtag selbst war sehr aufregend. Auf einem Fabrikgelände wurde ein Klassenzimmer aufgebaut und wir mussten uns sehr früh morgens am Set einfinden, um auf unsere Szene zu warten. Licht wurde aufgebaut, erste Kameraeinstellungen wurden geprobt. Dauernd sprach jemand etwas in sein Walkie-Talkie. Es war hektisch und laut.

Und dann war es so weit: Heiner Lauterbach wurde aus seiner Garderobe an den Set gerufen – und schon begann der Dreh. Wir simulierten eine Klassensituation, ich spielte eine Schülerin und saß neben dem zweiten Hauptdarsteller. Die Minuten verflogen für mich wie Millisekunden – so spannend und aufregend fand ich das Ganze. »Klappe!« Und dann war es auch schon wieder vorbei. Die Szene war im Kasten. Als die Folge ein paar Wochen später ausgestrahlt wurde, hatte mich die Kamera zwar nur einmal kurz gestreift, als sie auf das Klassenzimmer schwenkte – aber immerhin! Ich war trotzdem unglaublich stolz auf mich.

Wie ein ausgetrockneter Schwamm sog ich die Filmwelt in mich auf. Beobachtete genau, wer wem Anweisungen gab, und versuchte zu erfassen, wie das hier alles funktionierte. Sogar mit Heiner Lauterbach sprach ich kurz, fand ihn aber – ehrlich gesagt – ziemlich eingebildet. In der Szene, die wir gemeinsam drehten, versprach er sich mehrmals und wir mussten sie dementsprechend oft wiederholen. Immer wenn die Kamera gerade mal wieder aus war, kam seine Visagistin angerannt und tupfte ihm mit einem Löschblatt den Schweiß von der Stirn.

Am Ende gab es dann noch eine unerwartete Überraschung für mich: Der Tonmann kam auf mich zu, weil er die zahlreichen Autogramme der GZSZ-Schauspieler auf meinem Rollstuhl entdeckt hatte. »Na? Willst du auch noch ein Autogramm von Heiner Lauterbach?«, fragte er mich. Überrascht und begeistert antwortete ich: »Ja, gerne!« Er nickte, grinste, ging weg und kam nach ein paar Minuten mit einer Autogrammkarte – und mit Heiner Lauterbach im Schlepptau –

wieder. Der kritzelte mürrisch seinen Namen auf die Karte und mein Schutzblech, stellte sich für ein Foto neben mich und legte mir etwas steif seinen Arm um die Schulter – und dann war er auch schon wieder weg. Und ich hatte ein Promifoto mehr in meiner Sammlung.

»Deine Augen leuchten richtig«, sagte meine Mutter später, als ich vom Dreh nach Hause kam. Sie hatte recht. Ich spürte es ja selbst. Ich fühlte mich einfach merkwürdig wohl vor Kameras. Das war eindeutig meine Welt!

Make-up

Um selbst im Rampenlicht zu stehen, würde ich an mir arbeiten müssen – das wurde mir immer klarer. Denn natürlich war ich bei aller Schwärmerei realistisch genug, um zu wissen: Einfach so wird man nicht zum Star. Und noch etwas anderes ging mir in diesen Tagen auf: Wie wichtig es ist, in der Gegenwart von Kameras gut auszusehen. Und an meiner Optik musste ich unbedingt etwas ändern! Also verabredete ich mich eines Nachmittags mit meiner besten Freundin, die wesentlich mehr Erfahrung in Sachen Styling hatte als ich, platzierte mich vor dem Schminkspiegel und bat um eine gnadenlose Bestandsaufnahme! Die fiel ziemlich ernüchternd aus: Was uns da aus dem Spiegel entgegenlächelte, war ein ungeschminktes, etwas unscheinbares, schüchternes Mädchen mit glatten braunen Haaren. Nicht besonders spektakulär ... Wir begannen, mein Äußeres systematisch unter die Lupe zu nehmen. Was waren meine Vorzüge? Was war schön an mir? Was konnte ich betonen – und was sollte ich in Zukunft lieber kaschieren?

Meine Freundin schminkte mich, zeigte mir, wie ich mit Lipgloss, Lippen- und Konturenstift meinen Mund und mit Lidschatten, Maskara und Kajalstift meine Augen betonen konnte. Mit einem Concealer deckte sie ein paar Hautunreinheiten ab und ein Make-up-Fluid plus Puder verlieh meinem Gesicht einen samtigen Glanz. Zum Schluss färbten wir mir mit einer Packung aus dem Supermarkt die Haare blond. Als ich zum Schluss noch einmal einen Blick in den Spiegel wagte, traute ich meinen Augen kaum. Ich war ein völlig anderer Typ geworden – eine ganz neue Josy strahlte mir da entgegen. *Ey, du bist ja echt hübsch!,* dachte ich und konnte mich gar nicht an mir sattsehen. Weil die Verwandlung so phänomenal war. Und weil man mit ein bisschen Farbe so viel mehr aus sich rausholen konnte. Erstaunlich.

In den nächsten Tagen variierten wir meine Frisur, flochten mir die Haare mal zu Zöpfen oder kämmten sie mit viel Gel streng nach hinten. Ich hatte wahnsinnigen Spaß an diesen Verwandlungen und begann, mehr und mehr dazuzuposieren.

So blöd es vielleicht klingt: Ich fand mich toll! Das Mädchen, das ich da im Spiegel sah, hatte eindeutig was. Eine ganz spezielle Ausstrahlung. Vielleicht lag es daran, dass ich mich langsam so akzeptierte, wie ich eben war, und nicht länger infrage stellte. Schönheit kommt von innen – daran glaube ich bis heute.

Die Modelidee – Recherche, Telefonate und viel Ehrgeiz

Ich war also nach wie vor fest entschlossen, berühmt zu werden. Die Frage war bloß, wie? Kurzzeitig dachte ich ernsthaft darüber nach, mich bei Popstars zu bewerben, denn ich spekulierte darauf, dass ich dort als Rollstuhlfahrerin eine Marktlücke füllen würde. Es gab nur ein Problem: Ich konnte nicht besonders gut singen! Also überlegte ich weiter.

Die zündende Idee kam mir, als ich eines Nachmittags in der BRAVO GIRL! eine Foto-Love-Story mit einem Rollstuhlfahrerpärchen entdeckte. Die Erkenntnis, dass es so gut wie gar keine Rollstuhlfahrer in der Werbung, in Zeitschriften und auf Plakaten gibt, war ein Schlüsselerlebnis für mich. In strahlendem Licht tat sich meine ganz persönliche Marktlücke vor mir auf: Ich wollte Deutschlands erstes Model im Rollstuhl werden!

Wieso hatte ich daran nicht schon früher gedacht: Modeln – das war's! Im Scheinwerferlicht Mode zu präsentieren, vor Kameras zu posieren, zu lächeln, zu strahlen, mich von meiner besten Seite zu präsentieren – das konnte ich und das traute ich mir zu!

Zugleich bedeutete es natürlich auch eine Riesenchance, auf meine eigene Weise für mehr Akzeptanz für Menschen im Rollstuhl in der Öffentlichkeit zu werben. Wäre ich zum Beispiel mal so berühmt, dass ich über den roten Teppich rollen dürfte, um auf der Bühne eine Auszeichnung entgegenzunehmen, so würde das sicherlich viele Vorurteile abbauen und jede Menge Türen öffnen. *Rollstuhlfahrer haben nichts im Kopf, sind unattraktiv und unselbstständig, haben keinen Spaß im Leben und sitzen den ganzen Tag allein zu Hause rum* – als Model im Rollstuhl würde ich alle vom Gegenteil überzeugen können.

Für dieses Ziel würde ich kämpfen – und das große Selbstbewusstsein, das meine Eltern mir vermittelt hatten, würde dabei mein Antrieb sein. Hochmotiviert durchkämmte ich in den folgenden Tagen das Internet auf der Suche nach Infos über Models im Rollstuhl und entsprechende Agenturen. Die Bilanz war zunächst mehr als ernüchternd: Außer Nina Worthmann fand ich so gut wie keine erfolgreichen Models mit Behinderung, kein Model im Rollstuhl schien jemals für ein professionelles Shooting oder eine große Werbekampagne gebucht worden zu sein. Menschen im Rollstuhl waren ganz offensichtlich keine Zielgruppe in der Modebranche – und wenn jemand mit Behinderung abgebildet werden musste, simulierten »gesunde« Models in der Regel die Situation.

Doch dann hatte ich Glück: Ich stieß auf *beauties in motion,* ein anerkanntes Projekt, das in der Presse als beispielhaft für die Integration von Menschen mit Behinderung bezeichnet wurde. Erst vor Kurzem war diese ganz besondere Modelagentur von Renate Weidner und Ralph Büsing gegründet worden. Beide waren seit mehr als 20 Jahren gemeinsam in der Behindertenarbeit tätig, ihre Agentur vertrat dementsprechend ausschließlich Rollstuhlfahrer – männliche und weibliche Models, darunter auch Nina Worthmann.

Gebannt scrollte ich mich durch die Website und stieß – die zweite große Überraschung des Tages – auf die Ausschreibung eines Modelwettbewerbs! *»Als Model auf dem Catwalk* *zu stehen, das Klicken der Kameras zu hören und von ihrem Blitzlichtgewitter erleuchtet zu werden, ist ein Traum vieler junger Mädchen und Frauen«*, stand dort, Voraussetzung für eine Bewerbung waren gutes Aussehen und Ausstrahlung.

Die Siegerin sollte an einem exklusiven Fotoshooting teilnehmen und ein Preisgeld in Höhe von 2.000 Euro erhalten, auf die Zweit- und Drittplatzierte warteten immerhin 1.000 beziehungsweise 500 Euro. Und natürlich würden alle drei Gewinnerinnen in die Modelkartei der Agentur aufgenommen werden.

Ich wähnte mich schon am Ziel meiner Träume, als ich hart wieder auf dem Boden der Tatsachen landete: Ernüchtert las ich, dass man, um an dem Modelcontest teilnehmen zu können, mindestens 18 Jahre alt sein musste. Ich war 16, das hieß also noch zwei Jahre warten. Enttäuscht legte ich meinen Plan also erst mal wieder auf Eis.

Jule (rechts) und ich (links)

2000 mit Paddy Kelly

2010 mit Sido

Erste Modelversuche

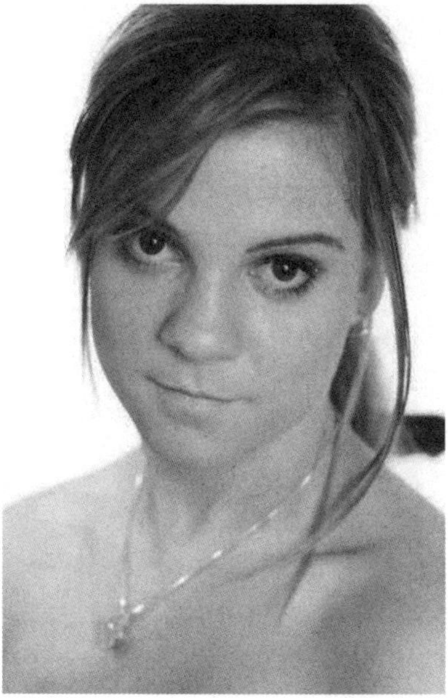

Ein Traum wird wahr:
mein erstes professionelles Fotoshooting für meine Setcard

»be Berlin«: 2008 mit Klaus Wowereit

»beauties in motion«: 2006 mit Bruce Darnell beim Finale des Modelcontests

2009: Jule und ich

Disco

So ganz wollte ich meine neu entdeckte Schönheit aber nicht mehr verstecken. Ich interessierte mich mehr und mehr für Kosmetik: belebende Masken für die Haut, Glitzer-Gloss, Nagellack, das gesamte Beauty-Programm. Ständig malte, lackierte und schminkte ich an mir rum, um das Ergebnis zu optimieren und das Beste aus meinem Typ zu machen.

Das betraf natürlich auch meine Klamotten. Nachdem ich Läden wie H & M, Orsay, Zara und Promod kennengelernt hatte, geriet ich in eine richtige Shoppingphase. So viele tolle T-Shirts, Blusen, Röcke, Schals, Schmuck-Accessoires! Das erste Teil, das ich mir bei Orsay gekauft habe, war eine dunkelblaue Cordbluse und bei H & M erstand ich kurz darauf meinen ersten Snoopy-BH. Einkaufen war kein Problem für mich. Die meisten Shops waren ebenerdig und ich konnte mich – wenn es auch oft ziemlich eng war – bis an die Kleiderständer rollen. Manchmal glaubte ich sogar, leicht neidische Blicke von anderen Kundinnen aufzufangen, weil ich im Sitzen shoppen konnte, während sie sich die Beine in den Bauch standen.

Meine »Beute« packte ich mir bei solchen Streifzügen auf den Schoß und rollte irgendwann zur Umkleidekabine. Wenn ich keine Lust zum Anprobieren hatte oder die Kabinen wieder mal zu schmal waren, nahm ich die Sachen oft auch mit nach Hause – und gab sie, wenn sie mir nicht gefielen, am nächsten Tag einfach wieder zurück.

Ich wusste nun also, wie ich mein Gesicht und meinen Körper am besten in Szene setzen konnte – höchste Zeit, das auch mal in der Öffentlichkeit auszuprobieren, fand ich. Hatte es mich bis vor Kurzem noch nicht sonderlich interessiert, so brannte ich jetzt darauf, wie meine Klassenkameraden und meine Geschwister Jule und Benni auf Partys und in Discos zu gehen und auszuprobieren, wie die neue Josy in meiner Umgebung ankam. Ich hatte Erlebnishunger. Es gab nur ein Problem: Weil ich im Rollstuhl saß, hatten sowohl Jule als auch Benni Probleme, mich mitzunehmen. Sie hatten Angst, dass mir etwas passieren könnte, und wollten dafür nicht die Verantwortung tragen. Und ich glaube, sie hatten auch Bedenken, sich selber nicht mehr amüsieren zu können, wenn sie die ganze Zeit auf mich aufpassen müssten – was aus meiner Sicht gar nicht unbedingt nötig gewesen wäre. Diese Erkenntnis kränkte mich ein bisschen, gleichzeitig war ich aber zu stolz, um zu betteln. Später konnte ich meine Geschwister auch verstehen. Sie wollten sich ausleben, frei sein – ohne mich als Klotz am Bein.

Während meine Schwester in den letzten Jahren bequem in den Freundeskreis meines Bruders reingerutscht war, musste ich mich nun notgedrungen nach einem eigenen Freundeskreis umgucken, mit dem ich abends losziehen konnte. Ich habe sehr viel später als Jule und Benni damit begonnen, in die Disco zu gehen und Party zu machen – aber dafür umso heftiger!

Eine ältere Freundin »erbarmte« sich schließlich und nahm mich zum ersten Mal abends mit. Ich war furchtbar aufgeregt, denn ich wusste ja nicht, was mich erwartete und wie die Leute in der Disco auf mich reagieren würden. Wenigstens waren mein Styling und mein Make-up perfekt: Ich trug meine Lieblingsbluse, die mein Dekolleté eindrucksvoll in

Szene setzte, und hatte Puder und Wimperntusche aufgetragen. Lidstrich, Lipgloss, Lidschatten und Rouge komplettierten meinen Look. Es war kein dramatisches Make-up, ich hatte weder knallrote Wangen noch Lippen. Ich fühlte mich nur einfach wohler, wenn ich mich ein bisschen hinter einer dezenten – und schmeichelnden – Maske verstecken konnte.

Wir fuhren an dem Klub vorbei, vor dessen Tür schon eine Schlange von Leuten wartete, und ich konnte durch das offen stehende Busfenster den dumpfen Rhythmus der Bässe hören, sah bunte Lichter, als sich kurz die Tür öffnete. Mein Herz schlug mir bis zum Hals.

Ein paar Häuser weiter stiegen wir aus dem Bus und meine Freundin schob mich zum Klub. Als uns der Türsteher sah, winkte er uns prompt an der Schlange vorbei und half mir sogar mit dem Rollstuhl durch die Tür. Ich bekam einen Stempel auf die Hand gedrückt, gab meine Jacke an der Garderobe ab – und schon waren wir drin! Flackerndes Licht, ohrenbetäubende Musik, treibende Rhythmen. Zuckende Körper auf der Tanzfläche, die im Stroboskopgewitter ins Tanzfieber gerieten. Atemlos rollte ich an den Rand der Tanzfläche und guckte bestimmt eine Viertelstunde erst mal nur fasziniert zu. Wie würde ich das denn machen, wenn ich auch tanzen wollte? Einfach in die Mitte der Tanzfläche rollen und loslegen? Der Gedanke behagte mir nicht besonders. Sicher würden die meisten der Umstehenden doof gucken, sich vielleicht sogar beschweren. »Was trinken?« Meine Freundin Julia zwinkerte mir zu und verschwand Richtung Tresen. Ein paar Minuten später drückte sie mir eine eiskalte Flasche in die Hand. Beck's Green Lemon – Mädchenbier! Ich genoss jeden Schluck ganz bewusst. Mit der Zeit fühlte ich mich etwas entspannter. Als die Flasche leer war, traf ich eine Entscheidung: Ich hatte auch ein Recht auf Spaß – und den würde ich mir jetzt nehmen! Wild entschlossen rollte ich auf die Tanzfläche und dann legten Julia und ich los: Sie packte die Griffe meines Rollstuhls, tanzte mich frontal an und bewegte dabei meinen Rollstuhl im Rhythmus hin und her, drehte mich auch einmal in einer Pirouette ganz um die eigene Achse. Es war toll. Ich spürte die Musik mit jeder Faser meines Körpers und hatte bald jeden Skrupel vergessen. Immer wieder stand ich sogar kurz auf und legte eine kurze Tanzeinlage hin. Die Jungs und Mädchen um mich herum lachten mir zu und klatschten auffordernd in die Hände. Ich geriet in einen richtigen Rausch, bis ich irgendwann nicht mehr konnte, einen Riesendurst hatte und erschöpft zum Tresen rollte. Ich wollte gerade bestellen, da drückte mir auf einmal ein blonder Typ mit Brille einen Cocktail in die Hand. »Hier, für dich«, sagte er und grinste mich an. Ich war platt. Jetzt wurde ich hier also tatsächlich auch noch angegraben! Wurde attraktiv gefunden! War offenbar kein Neutrum für die Männer, nur weil ich im Rollstuhl saß. Ich hatte das Gefühl, ein ganz neues Leben zu beginnen. Ein Leben als Frau!

Der blonde Typ hieß Marc und forderte mich zum Tanzen auf, nachdem wir unsere Cocktails ausgetrunken hatten. Ich sagte ihm, dass ich auch ohne Rollstuhl tanzen könne. Er müsste mich dann aber ein bisschen festhalten, weil ich nicht besonders sicher auf den Beinen wäre. Marc legte mir den Arm um die Taille, ich ihm eine Hand auf die Schulter und los ging's. Er war ein Supertänzer, tanzte mal vor und mal hinter mir, ging ab und an in die Knie und wirbelte mich herum. Es war ein ganz merkwürdiges, ganz tolles Gefühl. Ich war glücklich!

Erst um drei Uhr fiel ich in dieser Nacht ins Bett – erschöpft und euphorisiert. Das würde ich ab sofort jedes Wochenende machen – so viel stand fest!

Weil man mit mir richtig Party machen konnte und ich sowieso ein sehr offener Typ bin, lernte ich rasch immer mehr Leute kennen und erweiterte so meinen Freundeskreis, bis ich eine richtig feste Clique hatte, mit der ich so gut wie jeden Samstagabend auf Partys, in Bars oder Klubs ging. In einigen Läden und Discos war der Eintritt erst ab 18 erlaubt – kein Problem für mich: Ich brezelte mich dann extra auf und tat extrem erwachsen. Und außerdem trauten die Türsteher sich sowieso oft nicht, mich zu kontrollieren, aus Angst, mich dadurch zu kränken. Und wenn meine Freunde türkischer Herkunft wieder mal Schwierigkeiten hatten, durchgelassen zu werden, behauptete ich einfach, dass sie mich in den Klub schieben müssten – zack –, schon waren sie drin!

Jedes Wochenende war ich in dieser Zeit unterwegs – im Kino, was trinken, in der Disco, auf Konzerten oder einfach nur ein bisschen im Auto durch die Gegend fahren und posen. Was auch immer wir machten, ich hatte einen Riesenspaß!

Marathon und Glitzerräder

Ich hatte immer das Gefühl, ich muss für dich mitlaufen!« So hat meine Mutter mal ihre Motivation für ihre vielen Marathonläufe begründet. Seit sie damals in Truskawez mit dem Laufen anfing, ist ihr Trainingspensum über die Jahre immer weiter gestiegen: erst fünf, dann zehn, dann 20 und schließlich 40 Kilometer am Stück. Dieses Jahr wird sie an ihrem zehnten Marathonlauf teilnehmen. »Ich möchte für dich mit beweglich bleiben«, hat sie zu mir gesagt. Meine Mutter und natürlich auch mein Vater haben stets wie Löwen um mich gekämpft – das möchte ich an dieser Stelle noch mal ganz klar sagen. Und würdigen!

Ein Marathonlauf ist mir besonders deutlich in Erinnerung, denn er hatte ungeahnte Folgen: Wie immer begleitete ich meine Mutter, beteiligte mich an der Startnummernausgabe und platzierte mich dann zum Anfeuern und Bananenreichen an der Strecke. Während ich inmitten der anderen Zuschauer auf die Läufer wartete, fiel mir plötzlich ein junger Typ in einem so coolen Rollstuhl auf, wie ich ihn vorher noch nie gesehen hatte: Die Sitzflächen waren komplett in Neonfarben besprüht und die Räder glitzerten und funkelten. Wie toll war das denn? Sofort rollte ich zu ihm hin und fragte ihn nach dem Hersteller dieses unendlich lässigen Teils. Lächelnd verriet er mir, dass nur eine spezielle Firma solch abgefahrene Accessoires kreieren und liefern würde. Er selbst hätte auch erst vor Kurzem davon erfahren.

Solche Glitzerräder musste ich auch haben! Vor lauter

Aufregung vergaß ich fast, meine Mutter mit ihrer wohlverdienten und dringend benötigten Banane zu versorgen.

Zu Hause recherchierte ich fiebrig im Internet. Das konnte einfach nicht wahr sein: So trendige Rollstühle hatte ich noch nie gesehen! Die Firma hatte es wirklich geschafft, die Vehikel von ihrem verstaubten Image zu befreien und daraus so etwas wie modische Accessoires zu machen. Sofort setzte ich alle Räder in Bewegung, auch so ein angesagtes Modell fahren zu können. Und wirklich: Bereits ein paar Monate später war ich stolze Besitzerin eines unendlich schönen Rollstuhls mit Glitzerrädern. Die Räder leuchteten im Dunkeln und blitzten und funkelten in der Disco, als wären sie mit Diamanten gespickt. So war ich von nun an der Star in jedem Klub.

Erstes Date

Es war klar, dass es irgendwann kommen würde – mein erstes Date! So oft, wie ich angesprochen wurde, Nummern zugesteckt oder ein Getränk ausgegeben bekam, war es nur eine Frage der Zeit, bis mich ein Junge mal etwas mehr interessieren würde.

Ich hatte mich an dem Abend mit einer Freundin für die Jubiläumsparty einer Tageszeitung verabredet, zu der wir unbedingt hingehen wollten, weil wir wussten, dass *Wir sind Helden* spielen würden. Wir haben wie immer gelacht, Cocktails getrunken (mein Lieblingscocktail ist übrigens »Sex on the beach«) und schließlich auch ein bisschen getanzt. Ich war mitten im Tanzfieber, hatte gerade die Augen geschlossen, um mich so richtig in die Musik fallen zu lassen, da sprach mich von hinten ein Typ an. Er war gefühlte 1.000 Jahre älter als ich – 26 oder so. Er sagte, dass er mich ganz toll fände und ob ich ihm nicht mal meine Nummer geben könnte. Bis dahin hatte ich zwar viele Nummern gekriegt – meine eigene allerdings noch nie jemandem gegeben. Aber Michael gefiel mir auf Anhieb. Braune Haare, Grübchen in den Wangen und sehr groß. Er sah unheimlich gut aus, ein echter Mann – kein Bubi wie die Jungs aus meiner Klasse.

Meine Hand zitterte ein bisschen, als ich ihm meine Nummer auf ein Stück Papier schrieb. Michael lächelte mich an, dann entschuldigte er sich, weil er nicht länger bleiben konnte. Aber er versprach, mich gleich am nächsten Tag anzurufen.

Ich konnte die ganze Nacht nicht schlafen. Was, wenn er doch nicht anrief? Wenn es vielleicht nur eine Wette gewesen war mit einem Kumpel oder einfach nur ein doofer Scherz? Was, wenn er meinen Zettel verloren hatte oder es sich über Nacht anders überlegte? Ich ärgerte mich, dass ich ihn nicht nach seiner Nummer gefragt hatte. Warten und Hoffen lagen mir eindeutig nicht. Der nächste Tag war ein Sonntag, den ich nur mühsam rumbrachte. Ich konnte mich auf nichts konzentrieren, horchte dauernd aufs Telefon und nahm sogar ein paarmal den Hörer ab, um zu prüfen, ob es auch wirklich funktionierte. Es wurde drei Uhr, dann vier – und Michael rief nicht an. Meine Laune sank mit jeder Stunde. Wegen eines kaputten Haarbandes brüllte ich meine Schwester an und verschwand türenknallend in meinem Zimmer. Wahrscheinlich wollte Michael doch lieber nichts mit einer Frau im Rollstuhl zu tun haben. Würde das jetzt mein ganzes Leben lang so weitergehen? Ein einziger glücklicher Moment in der Disco und dann Funkstille?

Als das Handy um sieben immer noch schwieg, war ich kurz davor, das doofe Ding an die Wand zu schmeißen. Heulend sank ich aufs Wohnzimmersofa und trank aus Verzweiflung eine Flasche Beck's Green Lemon. Meine Mutter tröstete mich, nahm mich in den Arm und streichelte mir zärtlich übers Haar. »Andere Mütter haben auch hübsche Söhne«, sagte sie und ich musste mit Tränen in den Augen grinsen. Gemeinsam beschlossen wir, Michael zu vergessen, und stattdessen um Viertel nach acht gemütlich Rosamunde Pilcher zu gucken und Chips zu essen.

Ich hatte mich gerade wohlig in die Wolldecke gemummelt und mich auf dem Sofa zurechtgewühlt, da klingelte das Telefon. Der Ton ging mir durch und durch – wie ein Stromschlag. Schlagartig sprang ich auf und stürzte – so gut ich konnte – zum Hörer. Es war Michael. Er hätte sich eigentlich schon heute Vormittag melden wollen, sagte er, aber sein Akku wäre leer gewesen und er hätte bis eben in der Unibibliothek festgehangen, um für eine Prüfung zu lernen. Ob ich Lust hätte, nächste Woche mal was mit ihm trinken zu gehen? Was für eine Frage! Und ob ich Lust hatte! Wir verabredeten ein Café und eine Uhrzeit und ich schwebte auf Wolke sieben. Grinsend wie ein Honigkuchenpferd schwankte ich zurück zum Sofa, wo meine Mutter mich lächelnd in die Arme nahm. Von Rosamunde Pilcher habe ich danach kaum etwas mitbekommen, denn ständig kamen mir das Bild von Michael und seine schönen braunen Augen dazwischen.

Und dann war es so weit: Mittwoch, der große Tag! Meine Freundin Julia kam nach der Schule extra mit zu mir nach Hause, um die richtigen Klamotten auszusuchen und dafür zu sorgen, dass mein Make-up auch wirklich perfekt war. Nach und nach leerten wir fast meinen gesamten Kleiderschrank auf das Bett, bis ich endlich ein Styling gefunden hatte, das all unseren Anforderungen entsprach: sexy, aber nicht aufgedonnert, lässig, aber nicht zu cool, figurbetont, aber nicht anbiedernd. Ich wollte auf keinen Fall overdressed sein oder so wirken, als hätte ich mich den ganzen Tag mit nichts anderem beschäftigt. Er musste ja nicht unbedingt sofort wissen, dass es tatsächlich so war.

Julia war so lieb, mich am Nachmittag direkt zum Café zu fahren. Ich rollte um die Ecke – und da saß er auch schon auf der Terrasse vor dem Café. Lachend stand er auf, blitzte mich mit seinen strahlend weißen Zähnen an und sah alles in allem noch 1.000-mal besser aus, als ich ihn in Erinnerung hatte. Ganz Gentleman rückte er meinen Rollstuhl zurecht und half mir aus der Jacke. Und dann saßen wir uns verlegen grinsend gegenüber und ich redete wie ein Wasserfall drauflos, um meine Schüchternheit zu überspielen, während Michael in seiner heißen Schokolade rührte und mir immer wieder tief in die Augen guckte. Als er einmal nach dem Zucker griff und dabei meine Hand streifte, bekam ich eine Gänsehaut. Keine Ahnung, was ich alles so zusammenfaselte. Womöglich ergab nichts davon einen Sinn. Aber Michael schien das egal zu sein. Die Zeit verging wie im Flug, bis er plötzlich entsetzt auf die Uhr guckte und meinte, er müsse jetzt ganz schnell los, weil er noch eine sehr wichtige Vorlesung hätte – er studierte Physik und steckte gerade mitten in einer Prüfungsphase. Zum Abschied gab er mir ein Küsschen auf die Wange.

Wie in Trance rollte ich zum Bus. Rosa Wolken trugen mich nach Hause. Meine Geschwister und meine Eltern bemerkten natürlich sofort die Sternchen in meinen Augen und hörten nicht auf, mich die nächsten Tage liebevoll deswegen zu necken.

Eine schöne Zeit begann. Ich traf mich immer öfter mit Michael, wir gingen spazieren, Eis essen, ins Restaurant und ins Kino. Bis er mir eines Abends, wir hatten gerade unsere Pizzas aufgegessen, ganz beiläufig von seiner Freundin erzählte. Ich war absolut geschockt. Natürlich war ich fest davon ausgegangen, dass er Single war. Meine verliebte rosarote Welt stürzte schlagartig zusammen. Ein paar Tage lang heulte ich fast ununterbrochen. Ich war enttäuscht und einfach nur traurig. Und ich erkannte, dass ich Michael trotz allem nicht ganz verlieren wollte. Ich rief ihn an und wir verabredeten uns für den nächsten Tag. Von da an trafen wir uns weiterhin regelmäßig, aber für mich hatten diese Dates natürlich nicht mehr die Bedeutung, die sie vorher gehabt hatten. Er wurde mehr und mehr zu einem guten Freund. Einem Kumpel. Und das ist Michael, der vor ein paar Jahren Vater geworden ist, für mich bis heute geblieben.

Ein Nasen- ist noch kein Beinbruch

Um neue Flirtabenteuer zu erleben, stürzte ich mich mit vollem Elan ins Nachtleben. Natürlich nur am Wochenende – werktags büffelte ich brav in der Schule und arbeitete auf mein Fachabitur hin.

Ich genoss es immer mehr, ein bisschen zu flirten, machte einen richtigen Sport daraus und fand es toll, Komplimente zu kriegen und umworben zu werden. Wenn wir in den Klub oder in die Disco kamen, flüsterte ich Julia zu, wer mir gefiel – und am Ende des Abends hatte ich fast immer die Nummer.

Raffiniert fädelte ich meine Flirtattacken ein: ein kleines Lächeln vom Rand der Tanzfläche, ein Zwinkern und Zuprosten – häufig habe ich die betreffenden Jungs auch einfach angetanzt. War ich ohne Rollstuhl auf der Tanzfläche, haben sie leider sehr oft nicht kapiert, dass sie mich stützen beziehungsweise festhalten mussten, damit ich nicht umkippte. Dass ich im Stehen nicht so stabil bin, konnte ich auf der Tanzfläche immer ziemlich gut verbergen. So auch an einem Freitag 2003 im Oktober: Ein süßer Türke fragte mich schüchtern, ob ich mit ihm tanzen wolle. »Du bist zwar nicht mein Typ, aber klar, tanzen können wir gerne«, antwortete ich ihm. Er führte mich in die Mitte der Tanzfläche und wir legten los. Es machte Spaß, aber dann rempelte mich ganz plötzlich jemand von der Seite an und ich drohte, das Gleichgewicht zu verlieren. »Halt mich fest«, rief ich ihm zu, woraufhin mein Gegenüber sofort reagierte und mich in die

Arme nahm. Und genau in diesem Moment schoss ein fremdes Mädchen auf mich zu und schlug mir mit voller Wucht ins Gesicht. Mitten auf die Nase. Ich ging k. o. wie im Film, lag der Länge nach auf der Tanzfläche und war für ein paar Sekunden weg. »Miststück«, hörte ich die Schlägerin noch schimpfen, während sie ihren Freund wutentbrannt Richtung Ausgang zerrte.

Um mich herum hatten ein paar andere aufgehört zu tanzen; einer beugte sich vor und half mir auf, vom Rand der Tanzfläche kam Julia besorgt auf mich zu. Ich ärgerte mich vor allem über den Typen und seine unmögliche Freundin, hatte aber seltsamerweise keine Schmerzen. Also beruhigte ich meine aufgeregte Freundin und wenig später tanzten wir auch schon weiter.

Zu Hause fiel ich später erschöpft ins Bett und dachte nicht weiter über den Vorfall nach. Bis ich am nächsten Morgen in den Spiegel guckte – und mich kaum wiedererkannte: Meine gesamte Nase war blau. Ich sah aus, als hätte ich einen Zehn-Runden-Boxkampf mit Mike Tyson geführt.

Die Diagnose des Arztes nach eingehender Untersuchung lautete: Nasenbeinbruch. Und zwar leider ein so ungünstig gelegener, dass man den Nasenrücken nicht tapen konnte. Vier Tage lief ich mit einer knallblauen Nase herum und war der Running Gag der Schule. Dann wurde es langsam besser. Zum Glück hat der Bruch keine bleibenden Schäden und keine Nasenkrümmung hinterlassen. Das gute Stück sah nach ein paar Wochen wieder genauso aus wie vorher – und ich passte in den folgenden Monaten sehr gut auf, von wem ich mich zum Tanzen auffordern ließ.

Die erste Setcard

Die Erkenntnis traf mich hart und machte mich sehr traurig: Offenbar war es schwierig, einen festen Freund zu finden, wenn man im Rollstuhl saß. Wollten mich die Männer nicht, weil ich nicht auf zwei Beinen durchs Leben lief? War ich durch mein Handicap nicht attraktiv genug für eine »richtige« Beziehung? Ich brauchte dringend etwas, das mein Selbstbewusstsein wieder aufpolierte. Wieder überkam mich das Bedürfnis, der Welt zu zeigen, dass auch Rollstuhlfahrer sexy und begehrenswert sein können. Also beschloss ich, mich noch einmal mit neuer Energie meinen Modelplänen zu widmen. Ein paar Tage lang recherchierte ich im Internet, rief bei verschiedenen Magazinen und Werbeagenturen an und fragte, ob sie Interesse hätten, Fotos von mir zu machen. Leider ohne Erfolg. Ratlos und relativ verzweifelt, wandte ich mich schließlich noch mal an »Herzenswünsche e.V.«. Ich schrieb einen langen Brief, in dem ich erklärte, dass und warum ich Model werden wollte, erzählte von meinem sozialen Anspruch und dem Ziel, durch die Verwirklichung meines Traums der Ausgrenzung und Stigmatisierung von Rollstuhlfahrern entgegenzuarbeiten und in der Öffentlichkeit etwas zu bewegen. Ich beendete den Brief mit der Bitte, mich bei der Aufnahme von professionellen Fotos zu unterstützen, damit ich mir eine Setcard zusammenstellen konnte. Gute Porträts waren schließlich zwingende Voraussetzung, um sich als Model bei Modeagenturen und Kunden vorzustellen.

Wie immer enttäuschte mich das Herzenswünsche-Team

nicht: Schon ein paar Wochen später hatte ich einen Termin in einem Berliner Fotostudio, wo bereits ein sehr bekannter Fotograf auf mich wartete. Und nicht nur der – eine professionelle Visagistin, die sonst für Film und Fernsehen arbeitete, stand für Haare und Make-up bereit und eine Top-Stylistin wählte aus meinen mitgebrachten Lieblingsklamotten das Passende fürs Shooting aus.

Ich kam mir vor wie im Paradies. Alle betüdelten mich, ich war der Star. Als ich fertig geschminkt und gekleidet war, rollte ich vor eine riesige Leinwand mitten ins Scheinwerferlicht. Meinen Rollstuhl integrierte der Fotograf mal ganz bewusst ins Foto, mal ließ er ihn weg und fotografierte mich sitzend auf einem Stuhl oder im Liegen auf einer Bank. Erstaunlicherweise hatte ich keinerlei Schwierigkeiten, mich frei und ungehemmt vor der Kamera zu bewegen. Ich konnte die Umstehenden und die Umgebung vollkommen ausblenden. Von einem Moment auf den anderen gab es nur noch mich und die Kameralinse. »Ja!«, »Super!«, »Zeig mir alles!«, rief der Fotograf begeistert. Wie im Fernsehen. Und ich gab alles. »Wir hätten nie gedacht, dass du so professionell bist«, wunderte sich die Crew am Ende des Shootings.

Ich hatte Blut geleckt! Es war nicht nur ein weiterer verwirklichter Traum – der Tag im Fotostudio war für mich ein absolut einschneidendes, prägendes Erlebnis. Als ich die Fotos sah, spürte ich eine Art inneren Urknall. Ein ganz neues Selbstbewusstsein und Selbstwertgefühl. Ich saß zwar im Rollstuhl, war aber trotzdem eine schöne Frau. Und was für eine!

Germany's Next Topmodel

Im Januar 2006 startete unter gigantischer PR-Begleitung die erste Staffel von »Germany's Next Topmodel« mit Heidi Klum. Der Sender hatte unzählige Bewerbungsaufrufe in den Zeitungen und im Fernsehen geschaltet. Und ich nutzte die Chance und bewarb mich!

Ich war gerade 18 geworden und wollte einfach ausprobieren, was die Jury zu mir sagen würde. Meine mangelnde Körpergröße (ich messe 157 Zentimeter – also mindestens 25 Zentimeter zu wenig für ein Laufstegmodel) würde ja eh keine Rolle spielen, da ich sowieso saß, und ich baute darauf, dass die Topmodel-Macher vielleicht mal etwas Neues bringen, ein etwas anderes Model präsentieren wollten. Und natürlich hoffte ich auch, die Gesellschaft auf diese Weise auf Menschen im Rollstuhl aufmerksam machen zu können. Stolz steckte ich also meine nagelneue Herzenswünsche-Setcard in die Post und schickte jeden Abend den Wunsch gen Himmel, eine Einladung für die erste Casting-Runde zu bekommen. Meine Träume und Hoffnungen erwiesen sich leider als zu naiv: Nach wenigen Wochen lag eine Absage in unserem Briefkasten. Mein Rollstuhl passte angeblich nicht in das Konzept der Show.

Das war schon sehr ernüchternd, hatte aber eigentlich nur zur Folge, dass ich jetzt erst recht kämpfte. Aufgeben kam nicht infrage: Ich wollte Model werden! Die hatten ja keine Ahnung, was ihnen entging!

Fieberhaft überlegte ich, was ich tun könnte. Ich bewarb

mich direkt bei der Agentur von Heidi Klum und bekam noch eine Absage. Sehr höflich, von ihrem Vater (und Manager) unterschrieben und ganz offiziell auf einem Briefbogen der Agentur. Den Brief habe ich heute noch.

beauties in motion – der Contest

Fest entschlossen, mit meiner nagelneuen Setcard noch mal alle Hebel in Bewegung zu setzen, fiel mir die Agentur *beauties in motion* wieder ein. Ich klickte mich durch die Website und entdeckte einen neuen Wettbewerb, für den ich mich diesmal tatsächlich bewerben konnte. Wie vor zwei Jahren winkten den Gewinnern – gesucht wurden sowohl ein weibliches als auch ein männliches Model – ein Fotoshooting, Geldpreise und Verträge mit der Agentur. Ich hatte riesiges Glück: Der Einsendeschluss war in zwei Tagen. Diesmal musste es klappen! Aber weil ich wollte, dass die Agentur ganz genau wusste, wer sich da bei ihnen bewarb, bat ich Julia, zusätzlich zu der Herzenswünsche-Setcard noch ein paar ungestellte und ungeschminkte Fotos in verschiedenen Posen von mir zu machen. Das war zwar riskant, aber ich wollte unbedingt auch wirklich als »ich« wahrgenommen und beurteilt werden.

Ich weiß noch genau, dass ich dachte *Jetzt tust du etwas ganz Entscheidendes,* als ich einen Tag später den Umschlag mit den Fotos einwarf. *Etwas, das dein Leben verändern wird!*

Erst mal allerdings passierte gar nichts. Tagelang, wochenlang. Ich hatte die ganze Sache schon fast wieder vergessen und im Stillen akzeptiert, dass ich wohl wieder nicht den Ansprüchen oder dem Konzept genügt hatte. Mein Leben lief weiter wie bisher: Vormittags ging ich zur Schule, nachmittags lernte ich oder hatte meine Therapien. Bis zu diesem denkwürdigen Montag im Mai! Ich trainierte gerade auf dem Gangtrainer und scherzte wie immer mit dem mich betreuenden Arzt, als in meiner Tasche, die auf der Bank lag, mein Handy klingelte. Der Arzt ging ran, wirkte einen Moment lang ziemlich irritiert von der forschen Stimme, die ihm aus dem Hörer entgegenschallte, und reichte das Handy einfach nur stumm an mich weiter. Ich blieb an seinem verdutzten Gesichtsausdruck hängen, während ich die Worte hörte, die mein Leben verändern sollten: »Hallo, Josy, hier ist Frau Weidner von der Agentur *beauties in motion!* Wir haben deine Bewerbung erhalten und ich würde dich gerne kennenlernen!« Ich war sprachlos! Sprachlos vor Überraschung und ein paar Millisekunden später auch vor Freude. »Ja klar, gerne«, stammelte ich. Frau Weidner lachte und schlug vor, sich am nächsten Tag in einem Café am Berliner Hauptbahnhof zu treffen. Natürlich sagte ich zu.

Besonders aussichtsreiche Kandidatinnen lerne sie gerne persönlich kennen, erklärte mir Frau Weidner, als ich zur verabredeten Uhrzeit im Café eintraf, da sie nur so deren natürliche Ausstrahlung überprüfen könne – auf Fotos würde das nie so eindeutig rüberkommen. Und eine gute, positive Ausstrahlung sei das Wichtigste.

Mit meiner Ausstrahlung schien sie wohl zufrieden zu sein, denn kaum hatte ich meinen ersten Schluck Tee getrunken, offenbarte mir die Agenturchefin auch schon, dass ich von rund 200 Bewerberinnen unter den besten fünf Frauen gelandet und somit eingeladen war, am großen Finale des Wettbewerbs in fünf Monaten in Hannover teilzunehmen! Ich war so überrascht und glücklich, dass ich Frau Weidner spontan in den Arm nahm. Sie lächelte. Und erzählte mir dann genau, was bei dem Finale auf mich zukäme und was die Agentur von mir erwartete. Ich konnte kaum zuhören. In meinem Kopf sauste vor Freude alles durcheinander und ich zitterte am ganzen Körper. »Würdest du dir das zutrauen?«, schloss Frau Weidner ihren Vortrag und guckte mich fragend an. »Ja, klar«, stammelte ich. In dem Moment hätte ich mir alles zugetraut. Sie nickte, öffnete ihren Aktenkoffer und sagte: »Also gut!« Dann nahm sie fünf DIN-A4-Blätter aus dem Koffer und legte sie vor mir auf den Tisch. »Dann habe ich hier den Vertrag für dich«, sagte sie und schob mir einen Kuli rüber.

Die Buchstaben verschwammen vor meinen Augen, als ich versuchte, den Vertrag zu lesen und den Sinn der Paragrafen zu begreifen. »Du kannst den Vertrag auch gerne erst mal mit nach Hause nehmen«, bot Frau Weidner, die meine Hilflosigkeit offenbar bemerkte, an. »Ich bräuchte ihn nur innerhalb von drei Tagen zurück!« – »Kein Problem!« Erleichtert steckte ich die Papiere in meine Tasche.

Dann gingen wir zum inoffiziellen Teil unseres Treffens über. Frau Weidner fragte nach meiner Behinderung und meinem bisherigen Lebenslauf, erzählte einiges von sich und über die Geschichte der Agentur. In einer Eisdiele waren ihr Geschäftspartner und sie vor drei Jahren spontan auf die Idee gekommen, eine Modelagentur zu gründen, die ausschließlich Menschen im Rollstuhl unter Vertrag nahm und einmal im Jahr Deutschlands ersten Modelcontest für Rollstuhlfahrer ausschrieb. Die Agentur vertrat sowohl männliche als auch weibliche Models – und das mit großem Erfolg. Das Publikum und die Medien hätten mit unerwarteter Offenheit und Begeisterung auf die beiden bereits veranstalteten Model-Contests reagiert, berichtete Frau Weidner, auch, weil *beauties in motion* dazu beitrage, dass Menschen mit und ohne Behinderung ohne Vorurteile aufeinander zugingen. Ich hörte atemlos zu. Das war ja genau das, was ich auch wollte und wovon ich immer geträumt hatte: Schranken einreißen, zeigen, dass Menschen im Rollstuhl auch schön und sexy sein können, Vorurteile abbauen! Ich fühlte mich verstanden und irgendwie »angekommen«. Begeistert und hochmotiviert, bei dem anstehenden Wettbewerb mein Bestes zu geben, reichte ich Frau Weidner zum Abschied die Hand.

Wieder zu Hause ging ich den Vertrag sofort gründlich mit meinen Eltern durch. *Beauties in motion* würde die Reise- und Übernachtungskosten für meinen Aufenthalt in Hannover vollständig übernehmen und ich durfte sogar noch eine Begleitperson mitbringen, wenn ich mich für diese drei Tage exklusiv an die Agentur binden würde. Wem sollte ich sonst verpflichtet sein? Leicht amüsiert und vollkommen bedenkenlos unterschrieb ich den ersten Modelvertrag meines Lebens: den Finalistenvertrag 2006 der Agentur *beauties in motion!*

Das große Finale war aufgeteilt in zwei separate Veranstaltungen: Im August sollte es in Hannover ein sogenanntes »Promotion-Wochenende« geben, bei dem die Nachwuchsmodels in spe Presse und Medien auf den Wettbewerb aufmerksam machen sollten, und Anfang Oktober dann schließlich die vier Wettbewerbstage.

Am Freitag, den 11. August 2006 fuhr ich also mit meiner Schwester mit der Bahn zum Promotion-Wochenende. Als wir in Hannover auf dem Bahnhof ankamen und sich am vereinbarten Treffpunkt nach und nach alle zehn Teilnehmer – fünf Frauen und fünf Männer zwischen 15 und 30 Jahren – einfanden, war ich total fasziniert davon zu sehen, dass auch andere Rollstuhlfahrer etwas aus ihrem Aussehen machten! Unglaublich hübsch und sehr attraktiv sahen die meisten aus – ich war also doch kein Einzelfall. Aufgrund dieser Erkenntnis fühlte ich mich plötzlich seltsam geborgen. Ich war nicht mehr alleine mit meinen großen Plänen, Zielen und Hoffnungen. Wir waren eine Lobby: die Lobby der gut aussehenden Rollstuhlfahrer und Rollstuhlfahrerinnen!

Ein Großraumtaxi brachte uns zu unserer Unterkunft, dem Gästehaus Hannover, das mich zu meiner Verblüffung eher an eine Jugendherberge erinnerte als an ein Hotel. Das Zimmer, das ich mir mit meiner Schwester teilte, wirkte im ersten Moment erschreckend karg: zwei Betten, ein Tisch, zwei Stühle, ein Schrank. Das war's. Kein Fernseher, kein Kühlschrank, schon gar keine Minibar. Ein bisschen enttäuscht waren Jule und ich schon. Aber andererseits waren wir ja auch nicht zur Erholung hier – ich wollte arbeiten! Und immerhin: Es gab ein rollstuhlgerechtes Bad.

Kaum hatten wir unsere Koffer ausgepackt, mussten wir uns im Speisesaal versammeln, wo Frau Weidner und ihr Partner Ralf Büsing uns herzlich begrüßten und uns erzählten, was in den nächsten zwei Tagen alles auf uns zukommen würde: Kleiderproben im Kaufhaus SinnLeffers, ein Interviewtraining, Pressekonferenzen und Fotoshootings.

Meine Schwester und ich staunten nicht schlecht über die prall gefüllte Agenda und auch die anderen Teilnehmer fingen plötzlich an, sich auszutauschen und lautstark durcheinanderzureden. Frau Weidner unterbrach die allgemeine Aufregung und gab uns eine kurze Einweisung in den Umgang mit der Presse. Sie erklärte, was wir den Journalisten erzählen dürften und was besser nicht, und schärfte uns ein, uns vor jeder Antwort dringend darüber bewusst zu werden, welche Botschaft wir wirklich transportieren wollten. »Habt keine Angst, ruhig auch mal ›Das möchte ich nicht beantworten‹ zu sagen, wenn ihr es für nötig haltet«, riet sie.

Und dann ging's auch schon los: In unserem Zimmer hatte Jule gerade noch Zeit, mich ein bisschen zu schminken, bevor ich in meine besten Kleidungsstücke schlüpfte, um für das Shooting vor dem Rathaus möglichst gut auszusehen.

Der Bürgermeister begrüßte alle Teilnehmer mit Handschlag, bevor wir uns mit ihm zusammen für die Fotos und Kameraaufnahmen der vielen anwesenden Journalisten vor dem Rathaus aufbauten. Anschließend hielt er eine kurze Rede, in der er betonte, wie stolz die Stadt Hannover auf diesen Contest sei und dass er sich schon sehr auf das Finale im Oktober freue. Dann wünschte er uns allen viel Erfolg.

Und schon stand das nächste Highlight auf dem Programm: die sogenannte »VIP-Veranstaltung« im Jachtklub. In den Räumen des Klubs hatte man ein kleines Buffet aufgebaut und dort warteten auch wieder einige Journalisten auf uns. Ich fand es total spannend, mal auf der anderen Seite eines Mikrofons zu stehen, und beantwortete ihre Fragen so locker und charmant, als hätte ich mein Leben lang nichts anderes gemacht. Jetzt zahlte es sich aus, dass ich früher so viele Autogrammstunden besucht hatte. Meine Schwester stand ganz sprachlos und stolz neben mir.

Ziemlich schnell pickte mich ein Bild-Reporter aus der Teilnehmergruppe heraus. Er wollte mich unbedingt in verschiedenen Posen auf dem Bootssteg fotografieren. Ich fühlte mich geehrt und posierte wie ein Profi im Rolli am Geländer. Als er allerdings zum Schluss nach Bikinifotos fragte, winkte ich ab. Das war mir zu billig. Obwohl meine Figur dafür sicherlich gut geeignet gewesen wäre, hatte ich das nicht nötig. Ich wollte zwar berühmt werden, aber nicht um jeden Preis.

Nach zweieinhalb aufregenden Stunden stand schließlich ein Bus vor dem Klub, der uns zurück ins Gästehaus brachte. Todmüde, aber überglücklich fiel ich ins Bett.

Nach einem kurzen Frühstück wurden wir am nächsten Morgen ins Kaufhaus SinnLeffers gefahren, das uns kostenlos die Garderobe für das Finale zur Verfügung stellte. Um für jeden Teilnehmer die passenden Kleidungsstücke, Schuhe und Accessoires parat zu haben, hatten wir schon vor Wochen einem Mitarbeiter des Kaufhauses einen Steckbrief mit unserer jeweiligen Konfektionsgröße durchgeben müssen.

Und dann begann der spannendste Teil des Tages: Wir probierten unsere Outfits für die Finalshow im Oktober an. Geplant waren ein Abendmoden-Ensemble und ein Casual-Set. Das erste Outfit durften wir uns selbst aussuchen, beim zweiten hatten wir kein Mitspracherecht. Während mir eine Stylistin ein Abendkleid nach dem anderen zeigte, kam ich mir vor wie Carrie aus *Sex and the City:* Ein Kleid war schöner als das andere und ich konnte mich kaum entscheiden. Auch die anderen schienen bei der Anprobe genauso viel Spaß zu haben wie ich. Die Stimmung war super, überall wurde gelacht, wir bewunderten gegenseitig unsere Outfits und vergaßen dabei völlig, dass wir ja eigentlich Konkurrenten waren. Das war hier viel zu viel Hollywood, viel zu viel »Pretty Woman«, als dass wir uns auf knallharte Konkurrenz hätten konzentrieren können. Ich fühlte mich wie eine Prinzessin im Märchen. So schöne Kleider hatte ich noch nie anprobiert . . . Zum Schluss bauten wir uns schließlich noch stolz und schön für ein Gemeinschaftsfoto vor der Kaufhaustür auf.

Dann schlüpften wir wieder in unsere eigenen Klamotten

und schon ging es ohne Pause weiter zum Shooting für die Deutsche Bahn, einem weiteren Sponsor der Veranstaltung.

Als wir nach all den Fotosessions schließlich wieder im Gästehaus ankamen, konnten Jule und ich wie am Vortag nur noch erschöpft ins Bett fallen. Meine Augen waren ganz rot und tränten vom ungewohnten Blitzlicht der Fotoapparate.

Das Frühstück am nächsten Morgen ließ ich lieber ausfallen. Zwei Stunden später saß ich auch schon wieder mit meiner Schwester in der Bahn zurück nach Berlin. Aufgeregt und von den Ereignissen der letzten 24 Stunden vollkommen überdreht, sponnen wir die ganze Bahnfahrt über Luftschlösser, was wohl in der nächsten Zeit noch Aufregendes passieren und ob ich jetzt schlagartig zum Star werden würde. Ein bisschen fühlte ich mich nach diesem Wochenende schon so, muss ich ehrlich zugeben.

Und wirklich – es ging Schlag auf Schlag weiter: Kaum waren wir zurück in Berlin, rief ein Fernsehteam von RTL an. Sie wollten ein Porträt über den Modelcontest drehen und mich den Zuschauern vorstellen. Ich stimmte mich mit der Agentur ab und nahm mein erstes größeres Fernsehangebot an.

Im Fernsehen

Rund eine Woche nach dem Promotion-Wochenende saß ich also schon wieder im Zug nach Hannover, diesmal allerdings mit meiner Mutter an der Seite. Sehr herzlich empfingen uns das Fernsehteam von RTL und Frau Weidner am Bahnhof und gemeinsam fuhren wir ein weiteres Mal zum Kaufhaus SinnLeffers, wo ich bei einer Abendkleidanprobe gefilmt werden sollte. Ich trug das Kleid, das ich mir am Promotion-Wochenende ausgesucht hatte – ein dunkelblauer, trägerloser und schulterfreier Traum mit Cinderella-Corsage. Die Szene war gerade im Kasten, als Frau Weidner zu mir sagte, sie habe noch eine Überraschung für mich. Das Abendkleid sollte ich dafür noch anbehalten. Gespannt ließen meine Mutter und ich uns in den Georgspalast, ein sehr schickes Varietétheater, fahren, in dem im Oktober die Finalveranstaltung des Modelwettbewerbs stattfinden sollte. Und plötzlich standen wir vor Katrin Schwarz, der aktuellen Miss Germany!

Sie würde mit uns Finalisten im nächsten Monat die Bühnenchoreografie einstudieren und ich durfte sie heute vorab schon einmal kennenlernen! Da das RTL-Team unbedingt noch ein paar Einstellungen von uns beiden drehen wollte, fakten wir ein gemeinsames Fotoshooting mit mir als Supermodel und Katrin Schwarz an meiner Seite. Sie war unheimlich nett und wir haben während der Aufnahmen extrem viel gelacht. Der Fotograf, der ebenfalls im Rollstuhl saß, hieß Nawid Reinermann, sein Foto von Katrin Schwarz und mir erschien am nächsten Tag ganz groß in der Hannoverschen Zeitung.

Zu guter Letzt führte eine Reporterin noch ein langes Interview mit mir. Es war unglaublich! Eine vollkommen neue Erfahrung für mich, denn ich hatte ja noch nie in meinem Leben ein richtig ausführliches Interview geführt. Ich war so konzentriert auf meine Antworten, dass mir gar nicht bewusst war, auf wie vielen Bildschirmen und in wie vielen Wohnzimmern ich später zu sehen sein würde. Locker und fröhlich plauderte ich drauflos. Kamerascheu war ich jedenfalls nicht – so viel stand nach dem Dreh einmal mehr fest.

Erschöpft und überglücklich saß ich spätabends wieder in der Bahn und konnte gar nicht aufhören, meiner Mutter von dem gerade Erlebten vorzuschwärmen. Sie lächelte nur und freute sich über meine Begeisterung.

Eine Woche später wurde der Beitrag morgens vor der Schule in der Sendung *Punkt 6* ausgestrahlt und ich glaube, ich bin noch nie in meinem Leben so stolz zum Unterricht gegangen. Viele Mitschüler und auch Lehrer hatten mich im Fernsehen gesehen und sprachen mich darauf an.

Der RTL-Beitrag wurde mittags in der Sendung *Punkt 12* noch einmal wiederholt, was zur Folge hatte, dass wenige Stunden später Frau Weidner bei mir anrief und erzählte, dass die Promotion-Agentur der »Aktion Mensch« auf mich aufmerksam geworden sei und mich gerne zu einem Casting einladen wolle. Ich stieß einen so lauten Jubelschrei aus, dass meine Mutter besorgt aus der Küche stürmte und meine Schwester vor Schreck fast von der Toilette fiel.

Das erste Casting

Das Casting der »Aktion Mensch« war das erste offizielle Modelcasting meines Lebens. In einem hippen Fabrikloft musste ich zunächst einen Fragebogen zu meinen Maßen, meinem bisherigen Leben, meinen Hobbys und Interessen ausfüllen und bekam anschließend eine Nummer ausgehändigt – ich hatte die Nummer acht –, die ich mir auf mein T-Shirt kleben sollte. Zusammen mit den anderen körperbehinderten Teilnehmern des Castings – darunter auch Nina Worthmann – wartete ich anschließend darauf, mein Talent vor der Kamera beweisen zu dürfen: In einem abgehängten Teil des Lofts sollte ich mich mit einem kleinen Gummibaum beschäftigen. Einzige Auflage: Ich durfte nichts sagen, nicht mit ihm sprechen. Nur Gesten und Gesichtsausdrücke waren erlaubt. Etwas hilflos sprühte und zupfte ich an dem grünen Ding herum.

In einer zweiten Einstellung sollte ich dann so tun, als ob mein Freund gerade ins Zimmer käme und ich ihm euphorisch meine so liebevoll gehegte Pflanze zeigen würde. Dieser Teil fiel mir etwas leichter, da konnte ich mich besser reindenken, hatte mehr schauspielerische Möglichkeiten.

Alles in allem habe ich wohl überzeugt: Das Team war total begeistert von mir und klatschte nach Abschluss der letzten Szene sogar Beifall. Trotzdem habe ich den Job nicht bekommen, weil ich zu jung war.

Ein Traum wird wahr – das Finale

Am 6. Oktober war es dann schließlich so weit: Meine Schwester und ich reisten wieder nach Hannover, um am Finale des Modelcontests teilzunehmen. Schon Wochen vorher hatte ich mir eine Diät verordnet und darauf geachtet, genug zu schlafen, damit ich eine glatte, samtige Gesichtshaut bekam.

Als der große Tag schließlich da war und wir in die Bahn nach Hannover stiegen, war ich so aufgeregt wie noch nie in meinem Leben. Ging es jetzt vielleicht endlich los, das Leben im Scheinwerferlicht? Würde es nun auch bald von mir Poster in der BRAVO geben, die sich Zwölfjährige an ihre Zimmerwände hängten?

Ich freute mich, die anderen Bewerber wiederzusehen, und wir begrüßten uns herzlich. Insgesamt war die Stimmung aber angespannter als beim letzten Mal – diesmal war es ernst, das spürten wir alle. Wir waren jetzt wirklich Konkurrenten!

Vor dem Bahnhof warteten schon drei Taxen auf uns. Im Gästehaus angekommen, händigte uns Frau Weidner den Ablaufplan der kommenden vier Tage aus, der genauso vollgepackt war wie bei unserem letzten Aufenthalt in Hannover und mir wie eine Choreografie vorkam: Alle Termine liefen auf den einen Höhepunkt, die Modenschau und damit das Finale des Wettbewerbs am Montagabend, zu. Die Zettel zitterten in meiner Hand, während ich sie durchlas.

Kaum hatten Juliane und ich unsere Koffer ausgepackt,

wurden wir auch schon abgeholt. Der Höhepunkt des ersten Tages war sicherlich die Anprobe unserer Garderobe für die Finalshow am Montag: Euphorisch und stolz schlüpfte ich in das dunkelblaue, trägerlose und schulterfreie Cinderella-Corsagekleid, das ich mir am Promotion-Wochenende ausgesucht hatte. Ich fand es und auch mich darin so wunderschön, dass mir die Tränen in den Augen standen, als ich mich im Spiegel betrachtete. Der Stoff glänzte und war an den Beinen elegant gerafft. So etwas Edles hatte ich bis dahin noch nie getragen.

Für den Casual-Look hatte man mir ein graues V-Ausschnitt-Sweatshirt, ein dunkelblaues Fleece-Reiterjackett mit goldenen Knöpfen und eine braune Dreiviertel-Cordhose ausgesucht. Dazu sollte ich eine Kette mit einem funkelnden Brillantenkreuz im Wert eines Kleinwagens tragen. Ich fand das Outfit nicht besonders gelungen – aber ich hatte hier ja leider kein Mitspracherecht. Und eigentlich war es mir auch egal. Hauptsache dabei!

Der Samstag begann mit dem gewohnt kargen Frühstück. Hektisch schlürften wir dünnen Tee, stopften pappige Brötchen in uns hinein und eilten dann zum Bus, der uns zu den Choreografieproben in den »Georgspalast« (kurz »GOP«) bringen sollte. Dort empfing uns unsere Choreografin Katrin Schwarz, die amtierende Miss Deutschland International, die ich als Einzige ja schon hatte kennenlernen können, und die anderen sahen zum ersten Mal die Bühne. Und den Zuschauerraum! Der plüschige, mit viel rotem Samt ausgestattete Saal fasste 350 Personen und die kreisrunde Bühne, deren Laufsteg etwa vier Meter in den Zuschauerraum führte, flößte uns allen gehörig Ehrfurcht ein. Wir Finalisten sollten zwei Entscheidungsrunden durchlaufen, eine in Abendgarderobe und eine im Freizeitlook. Unter Katrin Schwarz' Anleitung trainierten wir – entsprechend unserer Beweglichkeit – verschiedene synchrone Drehungen und Performances ein. Um sich besser in uns hineinversetzen zu können, setzte sich Katrin dazu ebenfalls in einen Rollstuhl.

Zum Auftakt sollten wir alle zusammen zu Rihanna feat. Jean Paul's *Pon de Replay* auf die Bühne kommen und das Publikum gemeinsam begrüßen, bevor die eigentliche Modenschau begann.

Die Runde im Casual-Outfit drehte ich mit Carolin, Björn und Natalie. Zu den Klängen von Linda Lydelles leicht anzüglichem, erotisch sehr aufgeladenem *What a man* musste ich mit Björn flirten. Das fiel mir – und wir hatten ja noch nicht mal Zuschauer – zu so einem anrüchigen Lied am Anfang nicht so leicht. Aber ich ließ es mir nicht anmerken.

Die Abendgarderobe wurde jeweils zu zweit präsentiert – ich bildete mit Jelena ein Pärchen. Katrin teilte uns zu unserem Auftritt den Song *Hello* von Evanescence zu, ein relativ düsteres, schweres, dramatisches Stück. Diese zweite Runde war konzipiert wie eine richtige Fashionshow: Jedes Model musste einmal bis ganz zum Bühnenrand fahren, sich drehen und posieren. Insgesamt würde die Show anderthalb Stunden dauern – von 20 bis 21.30 Uhr.

Die Pizza, die wir in der Pause zwischendurch aßen, kam uns, ausgehungert wie wir vor Anstrengung und Aufregung waren, vor wie die leckerste Mahlzeit der Welt. Zum Abschluss posierten wir auf der Bühne alle noch mal zu den Klängen von *A land of milk and honey.*

Als wir nach der Probe abends wieder im Gästehaus waren, hatten wir die Stunden bis zur Nachtruhe laut Programmplan eigentlich zur freien Verfügung. Aber statt es uns gemütlich zu machen, probten wir bis in die Nacht weiter an unseren Choreografieparts. Aus allen Zimmern erklangen die uns zugeteilten Songs. Jeder wollte so perfekt wie möglich sein. Auch ich zwang meine arme Schwester wieder und wieder, die Performances mit mir einzustudieren.

Der Sonntag begann mit einem Fotoshooting für den Veranstaltungssponsor Coloplast, das parallel zu den Choreografieproben stattfand. Wer gerade nicht in der Turnhalle probte, ließ sich zu zweit oder zu dritt für die Zeitschrift des Kathederherstellers ablichten.

Abends dinierten wir im französischen Restaurant *La Provence,* wozu uns die Stiftung Edelhof Ricklingen eingeladen hatte. Das Essen und auch der Wein waren im Kontrast zu den Pappbrötchen der letzten Tage extrem lecker, machten aber auch extrem müde. Wir freuten uns auf unsere Hotelbetten, denn während wir geprobt hatten und fotografiert wurden, waren unsere Begleitpersonen bereits ins Hotel Merkur umgezogen, in dem wir die nächsten zwei Tage wohnen würden. Erschöpft sanken die meisten von uns dort schon um zehn in die Kissen und hatten gar nicht mehr genug Energie, sich den Kopf über das, was uns am nächsten Tag erwartete, zu zerbrechen.

Und dann brach der Tag des Finales an! Nach einer ausgiebigen Dusche im herrlichen Hotelbadezimmer nahm ich ein richtiges Hollywoodstar-Diätfrühstück ein: Orangen- und Ananasscheiben, ein bisschen Joghurt und ein paar Schlucke Früchtetee. Anschließend wurden wir zu SinnLeffers gefahren, wo wir im Blitzlichtgewitter der Presse und unter den staunenden Blicken der Kunden im Eingangsbereich des Kaufhauses eine Choreografie vorführten, um Kunden und Presse auf den Modelcontest aufmerksam zu machen. Danach ging es ohne Umwege weiter zum Georgspalast. Hier sollten wir den Rest des Tages und natürlich den Abend verbringen. Außen am Theater prangte schon ein Plakat, das unsere Veranstaltung in großen Lettern unter dem Motto *Schön ist, was gefällt* ankündigte.

Hinter der Bühne wuselten wir alle hektisch durcheinander und versuchten, so gut wie möglich in unsere Garderobe zu schlüpfen. Eine Stylistin half uns dabei, während sich der lustige Visagist Stefan um Frisuren, ein anderer, Markus, um Fingernägel und Make-up kümmerte. Wir mussten schon zur Generalprobe um 16 Uhr absolut perfekt aussehen, denn dabei würde die Presse anwesend sein, die später zum Finale nicht mehr zugelassen war. Dadurch wurde die Probe also fast wichtiger als das Finale selbst. Wir waren alle so aufgeregt, dass keiner einen Ton rauskriegte.

Hochkonzentriert versuchte bei der Probe dann jeder, seinen Part der gemeinsamen Choreografie so professionell wie möglich durchzuziehen. Es lief perfekt! Keiner von uns patzte, jeder hatte wirklich fleißig geübt und gab sein Bestes. Alles klappte und Katrin Schwarz war hochzufrieden mit uns.

Zeit zum Verschnaufen gab es danach aber nicht. Wir zogen uns schnell wieder um und rollten vor die Bühne. Dort wartete bereits eine riesige Menge Journalisten, die Interviews und Fotos machen wollten. Ich staunte, wie viel Aufmerksamkeit der Rollstuhlfahrer-Model-Contest anscheinend in den Medien erregte. Merkwürdigerweise stand ausgerechnet ich im Mittelpunkt des Interesses, denn mit meinen 18 Jahren war ich mit Abstand die jüngste Finalistin. Während ich lächelte und Fragen beantwortete, ertappte ich mich mehrmals dabei, dass ich dachte: *Was ist hier eigent-*

lich los? Ich bin doch nur Josy. Warum wollen die denn jetzt plötzlich alle ein Interview mit mir?

Nach der Interviewrunde gab es eine kurze Pause. Meine Schwester, die die ganze Zeit über im Zuschauerraum gesessen hatte, kam hinter die Bühne und drückte mir grinsend das Programmheft des heutigen Abends in die Hand, das sie im Foyer ergattert hatte. *Ein Traum wird wahr* lautete der Hefttitel. Im Innenteil wurden die Finalisten einzeln vorgestellt. Unter meinem Foto stand folgender Text:

> *»Josephine Opitz ist 18 Jahre alt und besucht das Gymnasium. Sie treibt viel Sport und verbringt ihre Freizeit gerne mit ihren Freunden, vornehmlich um auszugehen und zu shoppen. Josephine hört gerne HipHop, R & B und Soul & Pop, liebt Nudeln in allen Variationen – und als echte Berlinerin natürlich auch Pommes mit Currywurst. Weil sie gerne vor der Kamera oder vor Publikum posiert, nimmt die angehende Abiturientin am* ›beauties in motion‹-*Contest teil. Nach ihrer Ansicht sieht man in der Öffentlichkeit viel zu wenig Models im Rollstuhl. Sie möchte Freizeitmode, Dessous und Abendkleider auf Modenschauen präsentieren. »Es wäre schön, wenn Rollstuhlmodels in der Gesellschaft die gleiche Anerkennung bekämen wie zum Beispiel Heidi Klum oder Naomi Campbell. Ich wünsche mir, was sich jede junge Frau wünscht: einen tollen Mann an meiner Seite.«*

Da hatten sie mich gar nicht so schlecht getroffen!, entschied ich und legte das Heft beiseite. Ich konnte jetzt unmöglich lesen! Ich war so aufgeregt, dass ich alles nur noch verschwommen wahrnahm und durchgehend das Gefühl hatte, mich gleich übergeben zu müssen. Mein Puls raste, kalter Schweiß stand mir auf der Stirn und drohte, mein Make-up zu ruinieren. Um mich abzulenken, linste ich durch den Bühnenvorhang: Nach und nach traf das Publikum ein. Es war halb acht, Spannung lag in der Luft, Aufregung knisterte durch den Raum, vor und hinter der Bühne. Auch die Jury, bestehend aus Germany's-Next-Topmodel-Juror und Catwalk-Trainer Bruce Darnell, Werbefotograf Konstantin Eulenburg, Merle Rebentisch von der Zeitschrift Brigitte und der Finalistin des ersten *beauties in motion*-Contests Nina Worthmann, fand sich langsam ein. Eine einschüchternd hochkarätige Truppe, der wir uns da zur Beurteilung unserer Modelqualitäten stellen mussten . . .

Meine Eltern, mein Bruder, meine Krankengymnastin und mein Cousin waren extra mit dem Auto aus Berlin angereist. Als meine Eltern in die Garderobe kamen, um mich zu begrüßen und mir Glück zu wünschen, erkannten sie mich zuerst gar nicht, weil ich so stark geschminkt war. Meiner Mutter blieb angesichts meiner Verwandlung der Mund offen stehen – so schön fand sie mich.

Und plötzlich war es acht Uhr, die Musik und das Gemurmel des Publikums verstummten und die Moderatoren Kerstin Wagner und Werner Buss begrüßten das Publikum, erläuterten den Abend und das Programm und baten die beiden Agenturgründer auf die Bühne. Wir Models saßen hinter dem Vorhang, verfolgten jedes Wort, das gedämpft zu uns durchdrang, und warteten auf den Startschuss. Nachdem Frau Weidner und Herr Büsing einen kurzen Überblick über ihre Agenturarbeit gegeben hatten, begann endlich die

Show: Die ersten Töne von Rihannas *Pon de Replay* erklangen, der Vorhang öffnete sich und unter den strengen Augen der Jury begann nach unserem gemeinsamen Begrüßungsauftritt unsere erste Choreografierunde im Freizeitlook.

Obwohl ich kurz vorher noch sicher gewesen war, vor Aufregung an einem Herzinfarkt zu kollabieren, sobald ich auf die Bühne rollen würde, absolvierten meine drei Partner und ich unsere Performance absolut problemlos. Ich blendete alles um mich herum aus, war wie in Trance und es fiel mir erstaunlicherweise gar nicht mehr schwer, mit Björn zu flirten. Zu meiner eigenen Überraschung rekelte ich mich lasziv in meinem Stuhl, lockte und lächelte so verführerisch, als wäre ich Dita von Teese im Champagnerkelch. Mir hatte bei den Proben offenbar einfach nur das richtige Publikum gefehlt.

Ich musste mich zwar voll konzentrieren, versuchte aber trotzdem, einen kurzen Blick ins Publikum zu werfen, in der Hoffnung, meine Familie zu entdecken. Aber leider sah ich sie nicht, weil die Scheinwerfer so grell waren. Später erzählten sie mir, dass meine Mutter sich Tränen aus den Augen gewischt hatte. Und dass mein Cousin ein selbst gebasteltes Schild hochhielt, auf dem in schwarzen Lettern stand: *»Josy, du bist unsere Nummer 1!«*

Am Ende unserer Performance klatschten die Zuschauer euphorisch Beifall. Ein tolles Gefühl, Gänsehaut pur. Ich war stolz wie Oskar, platzte fast vor Glück! Viel Zeit, uns in der euphorischen Begeisterung zu sonnen, hatten wir jedoch nicht. Als Nächstes mussten alle Finalisten einzeln zum Interview mit Moderator Werner Buss auf die Bühne. Während er Fragen nach Hobbys, Zielen und Vorbildern stellte, sah das Publikum auf einer großen Leinwand Fotos und Porträts des jeweiligen Teilnehmers. In den kurzen Pausen zwischen den Kandidaten wurden die Werbemotive der verschiedenen Sponsoren eingeblendet. Nach meinem Interview erschien ein Foto der Firma *Partylöwe* – da musste mein Vater so laut lachen, dass ich ihn noch hinter der Bühne gehört habe.

Backstage rollten wir hektisch durcheinander, um uns für die zweite Runde, die Präsentation der Abendgarderobe, in Schale zu werfen. Kleidungsstücke raschelten, Make-up-Utensilien sausten durch die Luft. Eine aufgeregte Mitarbeiterin des Schmuckhauses, das für unsere Preziosen sorgte, nahm mir besorgt die sündhaft teure Kette mit dem Brillantkreuz wieder ab und zog erleichtert damit von dannen.

Die zweite Runde erlebte ich wie im Rausch. Jelena und ich rollten in perfektem Einklang nacheinander über die Bühne, drehten uns, posteten, verschwanden wieder. Ich bewegte mich im Rhythmus der Musik, sah nur den erleuchteten Laufsteg und war einfach glücklich. Am liebsten wäre ich danach gleich noch einmal aufgetreten.

Wir machten unsere Sache alle zehn so gut, dass die Zuschauer am Ende aufstanden und uns ein paar Minuten lang im Stehen applaudierten, und Bruce Darnell erklärte im Anschluss an die Gala sogar, dass er während der Show vor lauter Begeisterung eine Gänsehaut bekommen hatte: »Diese Models im Rollstuhl sind der Hammer«, soll er gesagt haben. »Ich wollte schon weinen, weil ich so glücklich war, das anzuschauen. Es war fast unmöglich, sich für eine Favoritin und einen Favoriten zu entscheiden.«

Gemeinsam mit Katrin Schwarz traten wir noch einmal auf, verbeugten uns ganz am Schluss Hand in Hand vor Jury und Publikum – und warteten auf die Kür des Siegers und der Siegerin. Ich landete leider nur auf Platz vier, aber das machte mir nichts aus. Die drei Tage in Hannover waren so prägend für mich, dass ich danach hundertprozentig sicher war, nie wieder in meinem Leben etwas anderes machen zu wollen. Das war mein Platz! Das war GENAU das Richtige für mich!

Katrin Schwarz schrieb über den Contest später auf ihrer Website:

> *»Wir hatten knapp zwei Tage Zeit, um das Programm des Abends einzustudieren. Und es hat geklappt! Der Funke sprang von den Models ins Publikum und von dort zurück auf die Bühne. Gänsehaut pur, echte Emotionen und einfach ein richtig schönes Erlebnis für alle Anwesenden! Selbst Starchoreograf Bruce Darnell (bekannt aus Germany's next Topmodel) war fasziniert und bestätigte bereits nach der Wahl seine Anwesenheit im nächsten Jahr. Hier sieht die Planung dann sogar eine internationale Wahl vor. Die Arbeit mit den* beauties *hat viel Schweiß gekostet und noch mehr Spaß gemacht. Ich bedanke mich bei euch und bin stolz auf jeden Einzelnen!«*

Die größte Überraschung des Finales lag allerdings ein paar Tage später liebevoll verpackt zu Hause auf meinem Bett: Meine Eltern hatten mir heimlich das Abendkleid gekauft, das ich bei der Show getragen hatte. Mit Tränen in den Augen und zutiefst gerührt fiel ich meinen Eltern in die Arme.

Aufmerksamkeit, Aufträge und Interviews – der Durchbruch

Nach dem Modelcontest blieb das Medieninteresse an mir weiterhin gigantisch: Etliche Fernsehsender und TV-Produktionsfirmen wollten über mich berichten. Pro7 schlug vor, für die Reality-Serie *We are family,* die jeden Tag im Nachmittagsprogramm lief, einen ganzen Beitrag über mich, meinen Alltag, mein Leben und meine Familie zu drehen. Dafür wollten sie mich beim Aufstehen filmen, beim Essen, in der Schule, in der Disco, beim Telefonieren – live und rund um die Uhr. Ich lehnte kategorisch ab. Mein Leben war keine Soapopera. Ich wollte weder mich noch meine Familie verkaufen, um die voyeuristische Neugier der Zuschauer, wie wohl ein Model im Rollstuhl so lebt, zu befriedigen. Na klar wollte ich ins Fernsehen – aber nicht um jeden Preis. Wenn es sich nur aufs Modeln beschränkt, gerne, ansonsten nicht, lautete meine Absage an Pro7.

Sogar die Mitarbeiter von *beauties in motion* waren erstaunt über das große öffentliche Interesse an mir – sie hatten ja noch viele andere hübsche Rollstuhlfahrerinnen unter Vertrag. Frau Weidner erklärte es damit, dass ich so jung und blond war und aus Berlin kam. Vielleicht lag es auch einfach an meiner Ausstrahlung, jedenfalls liefen in der Agentur die Drähte heiß. Die Mitarbeiter kamen kaum hinterher, die Anfragen zu sondieren. Klang etwas interessant, riefen sie bei mir an und fragten, ob sie meine Nummer weitergeben dürften. Wenn auch ich die Anfrage spannend fand, sprach ich meistens persönlich mit der Redaktion, Werbeagentur oder der TV-Produktionsfirma und beriet mich anschließend noch einmal mit der Agentur und meinen Eltern.

Ich bekam Talkshow-Einladungen, etliche Anfragen und Angebote, aber leider war kein Designer oder Modehaus dabei, das mich zum Beispiel als Katalogmodel buchen wollte. Die meisten Anfragen bezogen sich auf Reportagen oder Berichte über mich als Person: Ein Fernsehteam filmte mich zum Beispiel beim Klamottenshoppen im Kaufhaus. Drehten, wie ich irgendwelche Kleider anprobierte, und fragten mich dann, wie ich mich in dem Kleid fühlte, welches meine Lieblingsläden seien, ob es für mich schwierig wäre, einkaufen zu gehen, und so weiter.

Es war spannend und interessant und es machte Spaß. Aber es war noch nicht ganz das, was ich wollte. Ich war noch nicht angekommen.

Jungs

Sex wurde natürlich auch irgendwann zu einem Thema in meinem Leben. Mein erstes Mal erlebte ich mit einem brasilianischen Model, Italo. Er sah fantastisch aus und hatte einen unglaublich durchtrainierten Körper. Ich war verliebt und wollte endlich wissen, wie sich das anfühlte, wovon alle so schwärmten.

Es war nicht so, dass ich Sterne gesehen habe oder vor Ekstase weder ein noch aus wusste – aber es war auch nicht schrecklich. Schrecklich war eher, dass Italo mich danach oft versetzt hat und sich irgendwann überhaupt nicht mehr bei mir meldete. Ich fühlte mich ausgenutzt und ärgerte mich am Ende, mich überhaupt auf ihn eingelassen zu haben.

Italo war ein echtes Sahneschnittchen, hatte aber leider nicht besonders viel in der Birne. Wie ich später herausbekam, hatte er mich einfach nur rumkriegen wollen.

In der Disco oder im Klub wurden die Zugriffe der Männer teilweise echt nervig. War ja schön, wenn sie mich trotz Rollstuhl sexy oder attraktiv fanden – aber ich war kein Freiwild und ich wollte auch nicht mit jedem ins Bett. Einmal musste ich einem sogar voll in die Eier treten, weil er ekelhaft aufdringlich wurde und mich einfach nicht in Ruhe ließ. Teilweise hatte ich auch das Gefühl, dass manche Männer es besonders reizvoll fanden, dass ich so selbstbewusst bin. Dass ich genau wusste, was ich wollte, stark war – und kein Mäuschen. Das war wohl mal etwas anderes. Etwas Neues. Das fanden sie vermutlich spannend und aufregend. Außerdem schien ich tatsächlich eine besondere Ausstrahlung zu haben. Das »gewisse Etwas«. Das haben jedenfalls viele zu mir gesagt und es würde erklären, warum die Männer sich von mir angezogen fühlten wie die Bienen vom Honig.

Es war schon krass, wie sehr es in der Disco abging, wenn ich einfach nur meinen Spaß haben wollte. Manchmal haben sich die Typen sogar an meine Freundin rangeschmissen, um ihr einen Zettel zuzustecken mit der Bitte, mir zu sagen, dass ich sie doch mal anrufen solle.

Einmal allerdings kam auch ein Mann zu mir, weil eine junge, sehr hübsche Frau mich kennenlernen wollte. Weil sie sich selbst nicht traute, mich aber ganz toll fand, ließ mich Madlen im Soda Klub im Prenzlauer Berg von ihrem damaligen Freund auf einen Tequila einladen. Ich nahm die Einladung und den Tequila an, kam mit ihrem Freund ins Gespräch – und freute mich sehr, als sie wenig später dazustieß. Wir verstanden uns auf Anhieb, konnten sofort zusammen lachen und tanzten die halbe Nacht lang. Sie arbeitet auch als Model, macht eine Ausbildung zur Krankenschwester und wurde eine sehr gute Freundin. Noch heute stehen wir im Dauerkontakt, sehen uns aber eher selten, weil sie vor wenigen Monaten Mutter geworden ist.

Über einen Mangel an Zuspruch konnte ich mich also nicht beklagen. Im Gegenteil: Die ständige Aufmerksamkeit nervte teilweise sogar ein bisschen. Die wollten ja alle keine ernsthafte Beziehung mit einer Rollstuhlfahrerin – die wollten mich nur rumkriegen! Anfangs, als ich noch ein bisschen naiver gewesen war, habe ich das nicht durchschaut und dachte, der jeweilige Kerl meinte es wirklich ernst. Es gab durchaus eine Zeit, in der ich mich ganz schön habe ausnutzen lassen. Ich habe mich eigentlich nie drängeln lassen, wollte die Jungs, die mich interessierten, erst richtig kennenlernen. Aber gegen die magischen Worte »Ich habe mich in dich verliebt« war ich in der Regel dann doch machtlos. Das war natürlich genau das, was ich – was jede Frau – hören wollte. Wenn sie es dann noch mit »Ich finde dich ja so toll!« und »Du bist so wunderschön!« garniert haben, war es meist schon um mich geschehen. Wie ein Schwamm sog ich die Komplimente auf und zweifelte sie nicht an. Umso enttäuschender war es für mich, wenn die Typen sich nach der ersten gemeinsamen Nacht wieder verabschiedeten.

Erster Freund

Mit 20 war die Phase der Flirts und unfreiwilligen One-Night-Stands vorbei. Mein allererster fester Freund trat in mein Leben: Sofian! 14 wunderbare Monate waren wir zusammen. Ich hatte mir lange eine feste Beziehung gewünscht und war überglücklich, als es dann wirklich passierte. Richtig fest mit jemandem zusammen zu sein, war absolutes Neuland für mich. Ich musste nicht mehr nur gefallen, mich nicht mehr verstellen – Sofian liebte und akzeptierte mich, wie ich war, vollkommen egal ob mit Rollstuhl oder ohne. Es war wunderschön, wenn wir spazieren gingen, essen oder ins Kino, im Park einfach nur Händchen hielten – oder gemütlich aneinandergekuschelt zu Hause fernsahen. Ich genoss es total, jemanden an meiner Seite zu haben, mit dem ich offen über meine Gefühle, Gedanken und Probleme – auch in Bezug auf meine Behinderung – reden konnte. Und ich fand es fantastisch, gegenüber Freundinnen oder meiner Familie Sätze mit »Mein Freund« beginnen zu können.

Irgendwann wurde allerdings immer deutlicher, dass wir zwar schöne und harmonische Stunden miteinander verbringen konnten, letztendlich aber vom Kopf her nicht so richtig gut zueinanderpassten. Ich bin wirklich kein geistiger Überflieger, aber die Gespräche mit Sofian waren mir einfach zu schlicht, drehten sich im Wesentlichen um Fußball, Computerspiele und Autos. Er sagte mir zwar fünfmal am Tag, dass und wie sehr er mich liebte, aber auch das wurde mir zu viel. Ich fühlte mich eingeengt. Und je mehr ich versuchte, mich zu befreien oder gar zu lösen, desto mehr klammerte Sofian. Es blieb mir nichts anderes übrig, als einen knallharten Schlussstrich zu ziehen. Und den zog ich dann auch.

Genau wie andere Mädchen in meinem Alter träume ich nach wie vor von einer erfüllenden, liebevollen und rundum tollen Beziehung. Und auch wenn ich gerade solo bin, bin ich mir absolut sicher, irgendwann den richtigen Mann zu finden, zu heiraten und Kinder zu kriegen (was übrigens medizinisch kein Problem für mich wäre!). Das habe ich beim Universum bestellt!

Jungbrunnen Reha

Seit vielen Jahren mache ich einmal pro Jahr eine sechswöchige Kur in der Rehaklinik Bavaria in Kreischa, meistens im Sommer. Totalen Abstand zum Alltag zu bekommen und Energie zu tanken, das ist purer Luxus. Das bogenförmig angeordnete, säulenreiche Klinikgebäude liegt malerisch auf einem Hügel inmitten grüner Wiesen und Wälder, fünf Kilometer von Dresden entfernt.

Mit 14 Jahren war ich zum ersten Mal hier – ganz alleine, ohne meine Eltern oder Geschwister. Damals war es neu und ungewohnt für mich, und wäre es in der Klinik nicht so schön gewesen und hätte ich nicht sofort total viele nette Leute in meinem Alter kennengelernt, hätte ich sicherlich furchtbares Heimweh bekommen. So aber kam mir die Zeit wie Urlaub vor – und so supererholsam, dass ich mich Jahr für Jahr immer wieder von Neuem darauf gefreut habe. Einen geregelten Tagesablauf zu haben, sich sechs Wochen lang ausschließlich um Körper und Psyche zu kümmern, gibt mir neue Energie für meinen doch recht hektischen und mit Terminen vollgestopften Alltag. In Berlin laufe ich leer, hier tanke ich wieder auf. So kommt es mir jedenfalls immer vor.

Der einzige Unterschied zu einem Wellnessurlaub im Hotel ist, dass ich mein Zimmer mit einer anderen Person teilen muss, die ich nicht kenne. Bislang hatte ich aber fast jedes Mal Glück und es waren ausschließlich nette Mädchen. Da das Rehazentrum eine Kinder- und Jugendklinik ist, sind meine Zimmernachbarn immer ungefähr so alt wie ich. Die letzte war 16 und superlustig.

Um sieben Uhr morgens beginnt mein Tag. Der Weckdienst schüttelt uns gnadenlos aus den Betten und wir schleppen uns müde in den Speisesaal zum Frühstück. Ich versuche in Kreischa immer, mich möglichst gesund zu ernähren, damit mein Körper auch von innen entschlackt und entgiftet wird. Gesund heißt in dem Fall morgens keine Spiegeleier mit kross gebratenem Speck und Ketchup – was es im Übrigen dort auch gar nicht gäbe –, sondern Müsli mit Joghurt, frisches Obst und Orangensaft. Dazu trinke ich Pfefferminz- oder Früchtetee.

Nach dem Frühstück folgt der Therapie- und Behandlungsteil: Verschiedene Massagen stehen auf dem Programm, Fangopackungen und Krankengymnastik. Dazu kommen wechselwarme Fußbäder und Sport – ich besuche eine Art Fitnessstudio, in dem ich an speziellen Geräten gezielt bestimmte Muskelgruppen trainiere und Fahrrad fahre. In der Ergotherapie, die immer alltagsnah und praktisch ausgerichtet ist, wird Feinmotorik geübt. Man flicht zum Beispiel einen Korb, um eine bessere Fingerfertigkeit zu entwickeln. Häufig basteln wir auch irgendetwas. In der Neuropsychologie machen wir Entspannungsübungen und autogenes Training. Jede Therapieeinheit dauert 45 Minuten.

Einmal in der Woche wurde ich bislang außerdem immer zur Reittherapie abgeholt und auf ein nahe gelegenes Gestüt gefahren. Ebenfalls einmal die Woche findet eine Visite des Oberarztes statt, der unsere jeweiligen Fortschritte kontrolliert und den Therapieplan dementsprechend anpasst.

Der Tagesablauf ist immer derselbe: Um 16:30 Uhr habe ich in der Regel meine letzte Therapiestunde, um 21:30 Uhr müssen wir auf dem Zimmer sein und um 23 Uhr ist Nachtruhe. Obwohl wir im Kühlschrank in unserem Zimmer theoretisch Bier, Sekt und Weißwein lagern könnten, ist Alkohol natürlich verboten. Keine Chance für Sperenzchen, ausschweifende Zimmerpartys oder Discoausflüge also. Aber erstens würde ich das auch gar nicht wollen – das wäre ja absolut kontraproduktiv zum Anlass meiner Kur – und zweitens kann man hier auch ohne Exzesse Spaß haben: Meistens treffe ich mich mit den anderen abends im sogenannten »Klubraum«, um zu spielen (Monopoly, Karten, Schach, Mensch ärgere dich nicht oder Trivial Pursuit) oder fernzusehen. Der Fernseher im Klubraum ist zwar kein Breitbild-Flatscreen, aber größer als die kleinen Apparate auf unseren Zimmern und selbst simple Serien kommen einem hier deshalb wie Kino vor. Außerdem macht es einfach viel mehr Spaß, eine Sendung mit mehreren Leuten zu schauen, Kommentare abzugeben und gemeinsam zu lachen als ganz alleine. Unsere Lieblingsserie war eigentlich jedes Jahr *Doctor's Diary*. Die Serie spielte in Berlin, was für mich natürlich besonders schön war. Sie handelte von einer jungen Ärztin namens Margarete »Gretchen« Haase, die Karriere in einem Krankenhaus machen will, und dabei wahlweise über ihre Figur, ihre Ungeschicklichkeit, ihre Komplexe und natürlich jede Menge Männer stolpert. Die Hauptfigur erinnerte ein bisschen an Ally McBeal, eben nur in einem komplett anderen Setting. Während wir in Kreischa waren, haben wir keine Folge verpasst.

Die Abende im Klubraum mit den anderen Patienten fand ich immer äußerst lustig. Oft hatte jemand eine spannende Geschichte zu erzählen, kannte ein neues Spiel oder hatte eine Idee, wie wir den Abend sonst verbringen konnten. Manchmal saßen wir auch draußen auf der Wiese und genossen die lauen Sommerabende. Großartig ausgehen konnte man sowieso nicht, denn die Klinik befand sich in absoluter Einzellage. Bei Gewitter gab es deshalb nicht selten einen Stromausfall.

Durch das dunkle, lediglich notbeleuchtete Rehazentrum zu rollen, während draußen die Blitze zuckten, war schon krass ...

Es gab also keinerlei Ablenkungsmöglichkeiten außer denen, die wir uns selbst schufen. Gespräche und Kontakt zu den Mitpatienten waren deshalb umso wichtiger. Über die Jahre habe ich auf diese Weise in Kreischa viele Leute kennengelernt, mit denen ich zum Teil heute noch in Verbindung stehe. Zum Beispiel eine meiner besten Freundinnen: Tanja arbeitete dort seit 2001 als Sozialpädagogin und wir freundeten uns relativ schnell sehr intensiv an. Bis heute kommt sie mich regelmäßig in Berlin besuchen oder ich fahre zu ihr nach Dresden. 2007/2008 haben wir sogar zusammen Silvester gefeiert.

Am Wochenende hatte ich auch manchmal Besuch aus Berlin. Theoretisch hätte ich auch innerhalb der Woche Gäste empfangen dürfen – aber Tanja und meine Mitpatientinnen haben mir immer vollkommen gereicht.

Komischerweise war mein letzter Aufenthalt in Kreischa nicht ganz so schön wie die vorigen. Irgendwie passte ich nicht mehr so richtig in die »Kinderklinik«. Ich war aus ihr rausgewachsen, war allmählich zu alt geworden. Das Rehazentrum in Kreischa nimmt nur Patienten bis 25 Jahre auf, also werde ich in zwei Jahren wohl oder übel in eine andere Klinik wechseln müssen. Eine Tatsache, die mir irgendwie Sorgen macht. Denn: In den sogenannten »Erwachsenenkuren« ist die Altersgrenze – gerade auch in Bezug auf meine

Zimmernachbarn – nach oben offen. Theoretisch kann es passieren, dass ich mein Zimmer dann sechs Wochen lang mit einer 80-Jährigen teilen muss. Darauf habe ich nicht wirklich Lust. Aber vielleicht ist ja auch das ganz spannend. Positiv denken! Ich war und bin schließlich eine gnadenlose Optimistin!

Vielleicht mache ich nächstes Jahr während der Semesterferien aber auch probeweise mal eine sogenannte »ambulante« Reha. Da würde ich dann morgens zu Hause abgeholt und am Abend wieder zurückgebracht und könnte in meinem eigenen Bett schlafen. Ich hätte dann zwar keine »Auszeit«, keinen Abstand zum Alltag mehr, andererseits wäre ich aber auch nicht so rausgerissen und weit weg von Freunden und Familie. Wahrscheinlich muss ich es einfach mal ausprobieren, um zu sehen, was mir im Endeffekt besser gefällt.

Auf eigenen Beinen/selbstständig

Nach meinem Erfolg bei dem *beauties in motion*-Contest wuchs in den letzten Jahren mehr und mehr der Wunsch in mir, mich selbst zu managen. Nicht mehr von einer Agentur und deren Vorentscheidungen abhängig zu sein. Daher kündigte ich nach reiflicher Überlegung im Sommer 2008 meinen Vertrag mit *beauties in motion* und machte mich selbstständig.

Meine Mutter half mir, so gut sie konnte, nahm Anfragen und Anrufe entgegen, wenn ich in der Schule war, und verhandelte auch schon mal knallhart die Honorare – aber am Ende war es immer ich selbst, die darüber entschied, was ich machen wollte und was nicht.

Im Herbst 2008 wollte der Sender rbb einen Beitrag über barrierefreies Leben in Berlin drehen und fragte bei mir an. Begeistert sagte ich zu und wurde daraufhin von einem Fernsehteam dabei begleitet, wie ich, um shoppen gehen zu können, »Barrieren« wie Bürgersteige überwinden musste oder wie mir ein Busfahrer in den Bus half – was sie übrigens im normalen Leben sehr selten taten. Solche Hilfeleistungen fanden leider nur vor der Kamera statt!

Aber zum Glück gibt es dann doch auch die ein oder andere positive Ausnahme! Vor einer S-Bahn-Station sollte ich vor laufender Kamera jemanden finden, der mich die Treppen runtertrug. Mutig sprach ich den ersten jungen Mann an, der mir über den Weg lief und der mir auch optisch gefiel, und war wirklich verblüfft: Philip erklärte sich sofort bereit, mir zu helfen, und trug mich für das Kameraetam, ohne zu murren, vier (!) Mal die lange Bahnhofstreppe hoch und runter. Ich fand das so süß, dass ich ihn nach dem Dreh fragte, ob er zufällig auch bei Studi-VZ sei. Er nickte und gab mir seinen Namen. Wir sind heute noch in Kontakt. Wie ich später erfuhr, ist er Mitglied des Vereins Auslandshelfer e. V., der Projekte für notleidende Menschen fördert. Was für ein Zufall, dass ich für den Dreh ausgerechnet so einen sozial engagierten Menschen angesprochen habe. Das Leben ist doch komisch, oder?

Beflügelt von der Tatsache, künftig in die eigene Tasche zu wirtschaften, hörte ich mich überall um, was ich noch machen könnte, schrieb hierhin und dahin, leider mehr oder weniger ohne Erfolg. Bis meine Mutter während einer Shoppingtour per Zufall an einer Bushaltestelle am Ku'damm über den Aufruf der »be-Berlin«-Kampagne von Bürgermeister Klaus Wowereit stolperte und sich die Internetadresse notierte.

Klaus Wowereit – be Berlin

Ich informierte mich unter www.sei.berlin.de und erfuhr, dass für die Kampagne, die Anfang März 2008 ins Leben gerufen worden war, Menschen gesucht wurden, die Berlin einzigartig machten. »Das Lebensgefühl in Berlin drückt sich für jede/n anders aus, jede/r setzt einen anderen Schwerpunkt«, hieß es auf der Internetseite, »Berlin hat viele Erfolgsgeschichten, auch wenn sie auf den ersten Blick oft nicht ins Auge fallen: kleine und große, menschliche und unternehmerische, kulturelle und wissenschaftliche.« Um sich zu bewerben und zu einem Botschafter der Hauptstadtkampagne zu werden, musste man seine Geschichte aufschreiben, auf der Internetseite einstellen und eine Botschaft erfinden, die mit »sei . . . sei . . .« begann und sich in »sei berlin« auflöste. Diese Botschaft sollte nicht nur andere Berliner, sondern Menschen in ganz Deutschland ansprechen, sie auf etwas Besonderes aufmerksam machen oder in ihrem Engagement bestärken. Und aus allen Bewerbern würden später 15 offizielle Berlin-Botschafter ausgewählt werden.

»Sei mutig, sei anders, sei berlin« lautete meine Botschaft, mit der ich mich dafür einsetzen wollte, dass auch Models, die im Rollstuhl sitzen, für Werbung gebucht werden.

Nie hätte ich gedacht, dass man mich tatsächlich auswählen würde. Aber Anfang Mai flatterte tatsächlich ein Brief des Bürgermeisters ins Haus. 335 Menschen hatten an der Kampagne teilgenommen, gemeinsam mit 14 anderen Berlin-Botschaftern wurde ich nun von Klaus Wowereit persönlich eingeladen, im Roten Rathaus meine Auszeichnung entgegenzunehmen.

Ich hielt den Brief in den Händen und war sprachlos!

Der Empfang war hochoffiziell. Ich trug eine edle schwarze Bluse und elegante Bermudashorts und wurde gemeinsam mit den anderen »Botschaftern« in den Wappensaal gebeten. Natürlich gab es auch einen entsprechenden Medienauflauf: Jede Menge Journalisten und Fernsehteams waren vor Ort, als wir unsere Medaillen entgegennahmen.

Klaus Wowereit hielt eine Rede, war unheimlich nett und sympathisch. Er sprach mich zu meiner großen Verwunderung sofort mit meinem Namen an, weil er den rbb-Beitrag über barrierefreies Leben mit mir gesehen und sich meinen Namen gemerkt hatte. Was für ein Zufall! Nachdem Wowereit mir mein »Botschafterpaket« überreicht hatte, wollte ich eigentlich genau wie die anderen Gewinner vor mir wieder zurück zu meinem Platz rollen. Aber Wowi hielt mich fest, grinste und sagte: »Moment, jetzt machen wir noch Fotos!« Ich war völlig überrascht: Das hatte er mit keinem anderen »Botschafter« gemacht. Er kniete sich neben mich, und während um uns herum die Blitzlichter explodierten, flüsterte er mir ins Ohr, dass er mich im Fernsehen gesehen habe, gab mir Tipps, wie ich mich mal ein bisschen nach links oder rechts drehen sollte, um mich besser in Szene zu setzen.

Am nächsten Tag erschien das Foto groß auf der ersten Seite im Berlinteil der Berliner Morgenpost.

Das Botschafterpaket, das Wowereit uns überreichte, enthielt eine Medaille, die die Staatliche Münze Berlin eigens für die »be-Berlin«-Botschafter geprägt hatte, und eine

»get2Card«, mit der man bei rund 300 Veranstaltungen und Dienstleistungen, vom Museum bis zum Restaurant, zwei Leistungen zum Preis von einer erhält. Außerdem steckte in dem Paket eine Urkunde, die uns als »be-Berlin«-Botschafterinnen und -Botschafter auszeichnete.

Zum Abschluss der Veranstaltung erklärte Klaus Wowereit: »be Berlin funktioniert. Die Resonanz auf die Kampagne hat unsere Erwartungen übertroffen. Besonders danken möchte ich all jenen Berlinerinnen und Berlinern, die der Kampagne mit ihrer ganz persönlichen Geschichte ein Stück ihres Lebens gegeben haben. Ob Hundetrainerin, Mathematiker oder Modezeichner, Busfahrer, Sozialarbeiterin oder Biotechnologin – sie alle prägen unsere Stadt und sind die besten Botschafterinnen und Botschafter für Berlin.«

Am nächsten Tag waren die Zeitungen voll von mir und ein paar Monate lang klingelte das Telefon zu Hause Sturm. Die Berliner Zeitung berichtete ausführlich über mich und sogar die Bild-Zeitung fragte noch mal an. Und diesmal sagte ich zu. Christian Lohse schoss superschöne Fotos von mir; die edlen Klamotten im Wert von mindestens 400 Euro, die ich beim Shooting trug, durfte ich am Ende sogar behalten, weil das Fotoshooting sowohl dem Fotografen als auch der Redakteurin so viel Spaß gemacht hatte.

Aber trotz der zahlreichen Artikel legte sich die Aufregung rasch wieder. Das Rauschen im Blätterwald hatte leider keine weiteren Modeljobs für mich zur Folge – und das war es doch, was ich mir eigentlich wünschte. Wie immer wollten einige Fernsehproduktionen Reportagen über mich machen, aber allmählich hatte ich auf diese Art Aufmerksamkeit keine Lust mehr. Ich will eben als Model ernst genommen und gebucht und nicht als bemitleidenswerte Medien-Sensation nach dem Motto *Die kleine Rollstuhlfahrerin und ihr Traum vom großen Ruhm* vorgeführt werden.

Am liebsten wäre ich so gefragt und berühmt wie meine großen Vorbilder . . .

Kate Moss, Nadja Benaissa, Alexandra Maria Lara und Sara Nuru

Einer meiner größten Träume ist es, einmal ein echtes Supermodel wie Kate Moss oder die Germany's-next-Topmodel-Gewinnerin Sara Nuru zu treffen. Sara ist mein großes Vorbild. Sie ist so anmutig und hat so ein hübsches Gesicht und ist trotzdem sehr natürlich und freundlich. Sie wirkt so, als ruhe sie total in sich, und ist überhaupt nicht aufgesetzt, arrogant oder exaltiert. Zumindest kommt es im Fernsehen so rüber. Ich würde gerne mal einen Tee mit ihr trinken, mit ihr über ihre Erfahrungen im Modelbusiness reden und sie fragen, ob sie nicht eine Art Schirmherrschaft über mich übernehmen möchte. Unter Schirmherrschaft stelle ich mir vor, dass sie mich ein bisschen protegiert, mich zu wichtigen Veranstaltungen, zu denen sie eingeladen wird, mitnimmt, damit ich mehr Öffentlichkeit und Aufmerksamkeit erhalte. Ohne prominente Hilfe ist das ja kaum zu schaffen. Um richtig nach oben zu kommen, müsste schon ein Promi an meiner Seite stehen, der mir hilft und mich ein bisschen promotet.

Ich stelle mir vor, dass ich sie mal eine ganze Woche lang auf all ihre Termine und Shootings begleiten dürfte. Und die Krönung wäre dann natürlich, wenn irgendeiner dieser High-Class-Fotografen spontan Lust hätte, auch ein paar Shots von mir zu machen. Ich würde denen so gerne mal zeigen, dass die Arbeit mit einem Model, das im Rollstuhl sitzt, gar nicht so kompliziert ist, wie sie sich das vielleicht vorstellen.

Und wenn es so ein ganz stylishes, supersexy Mode-Shooting wäre, bei dem man mich nachher auf großen Plakaten sehen würde, dann würden die Leute vielleicht auch endlich mal aufhören, einen Rollstuhl immer nur mit Krankheit in Verbindung zu bringen ...

Jemanden wie Kate Moss als »Mäzenin« wäre natürlich auch absolut cool. Bei der könnte ich mir auch vorstellen, dass sie das macht, dass sie Lust hätte, der Gesellschaft mal ein anderes Model-Modell zu präsentieren.

Heidi Klum war lange Zeit eines meiner großen Vorbilder – in der letzten Zeit irritiert mich allerdings der PR-Overkill um ihre Person etwas. Sie ist ja wirklich überall zu sehen und macht für alles Werbung: McDonald's, Birkenstock, Süßigkeiten, Shampoo. Wäre ich in der Filmbranche, würde ich mir Alexandra Maria Lara als Protegé wünschen. Erstens halte ich sie für eine grandiose Schauspielerin, zweitens empfinde ich sie als ungewöhnlich menschlich und tief. Ihre Augen strahlen ganz viel Sanftheit und Liebe aus, finde ich. Ich würde sie sehr gerne mal persönlich kennenlernen.

Ein weiteres großes Vorbild von mir ist Nadja Benaissa von den No Angels, die mit ihrer HIV-Erkrankung zuletzt für Schlagzeilen sorgte. In gewisser Weise sehe ich sie als »Leidensgenossin«, also jemanden, der genau wie ich trotz eines körperlichen Handicaps tapfer weiterkämpft. Auch auf der Showbühne ist eben nicht alles Gold, was glänzt. Auch jemand, der so schillert wie Nadja, der so toll aussieht, so eine begnadete Stimme hat, kann ein schweres Schicksal haben.

Ich fand es unendlich tapfer, wie sie sich öffentlich zu ihrer HIV-Erkrankung bekannt hat – wenn auch zuerst unfreiwillig –, und sehr berührend, wie solidarisch sich die anderen Bandmitglieder hinter sie gestellt haben.

Michael Jackson, Britney Spears – jeder hat sein Päckchen zu tragen. Egal, wie viel Geld man hat oder wie berühmt man ist, von seinen eigenen, inneren Untiefen wird man trotzdem eingeholt. Irgendwie versöhnt mich diese Erkenntnis neuerdings mit meinem eigenen Schicksal. Auch die Schillernden haben ihre Schatten und Abgründe. Jetzt, wo ich erwachsener werde, wird mir klar, dass Geld, Ruhm und ein gesunder Körper auch nicht alles sind. Es gehören ganz andere Sachen dazu, glücklich zu sein und ein zufriedenes Leben zu führen: Selbstakzeptanz, eine liebevolle Familie, Freunde, Träume und Visionen. Man muss einfach seinen eigenen inneren Kompass finden. Seinen persönlichen Glücksmotor. Meiner ist mein Ziel, die gesellschaftlichen Vorurteile gegenüber Rollstuhlmodels abzubauen und irgendwann als erstes Model auf zwei Rädern über den Catwalk einer Show auf der Berliner Fashion Week oder gar einer Pariser Haute-Couture-Präsentation zu rollen.

Mein erstes »Cover«

Im Oktober 2008 überraschte mich eine Freundin mit einer geheimnisvollen SMS. *Bist du jetzt Covermodel?,* wollte sie wissen. *Hä?,* schrieb ich zurück. Die Erklärung ließ nicht lange auf sich warten: Heike hatte auf dem Berliner Bahnhof zufällig eine Broschüre über das neue Mobilitätshelferprojekt der Deutschen Bahn in die Finger gekriegt – mit mir auf dem Cover. In der Broschüre wurde beschrieben, welche Hilfsangebote die Deutsche Bahn Rollstuhlfahrern zur Verfügung stellte, um trotz Handicap möglichst unproblematisch reisen zu können. Auf der Titelseite des Heftchens war das Foto zu sehen, das die Deutsche Bahn im Zuge des *beauties in motion*-Finales 2006 von mir hatte schießen lassen. Ohne mich zu fragen und vor allem auch ohne mir Bescheid zu geben. Aber das war mir in dem Moment völlig egal! Ich war auf dem Cover der Werbebroschüre der Kampagne! Und fand mein erstes »Cover« genauso schön, wie wenn ich auf der *Vogue* oder *Vanity Fair* abgebildet worden wäre.

The only way is up – Pläne, Träume, Wünsche und Ziele

Vor Kurzem habe ich einfach privat an die Deutsche Bahn geschrieben und gefragt, ob sie noch einmal mit mir zusammenarbeiten wollen wie damals bei dem Mobilitätshelferprojekt. Meine Anfrage war erfolgreich: Im Sommer dieses Jahres werde ich wahrscheinlich in einer groß angelegten Werbekampagne der Deutschen Bahn auf einem Plakat zu sehen sein.

Da ich mich ja momentan selber manage, habe ich auch etliche Werbeagenturen, Casting-Büros, Fernsehproduktionen und auch Unternehmen direkt angeschrieben und warte noch auf deren Reaktion. Was sich aus so einer Anfrage ergibt, kann man nie wissen: Selbst wenn ein Unternehmen kein Interesse hat, hat ein Mitarbeiter vielleicht dieses oder jenes gehört oder eine ganz andere Idee. Irgendwelche Türen öffnen sich immer, wenn man laut genug klopft.

Manche Türen schlagen allerdings auch ganz schnell wieder zu: Vor ein paar Monaten hatte ich eine Anfrage von Focus TV. Eine Produktionsgesellschaft wollte eine Reportage über mich drehen, dokumentieren, wie ich studiere, und mich als Model in einer Agentur vorstelle, beim Shooting posiere und zurechtgemacht werde. Sie waren unheimlich nett, alles klang toll und ich sagte begeistert zu. Am nächsten Tag erhielt ich eine unterkühlte E-Mail, dass ich ihnen zu fröhlich für einen Rollstuhlfahrer sei. Für sie wäre ein traurigeres Beispiel typischer. Geht's noch??

Entmutigen lasse ich mich durch so etwas nicht – im Gegenteil: Seit einiger Zeit arbeite ich an einem Internetauftritt, das heißt an einer eigenen Homepage. Die ist für mich natürlich extrem wichtig, damit diejenigen Agenturen oder Unternehmen, die mich im Fernsehen gesehen oder etwas über mich gelesen haben, mich auch finden, wenn sie mich googeln – und vor allem eine Kontaktadresse bekommen. Auf der Internetseite soll es zudem jede Menge Informationsmaterial über mich und meinen Werdegang geben, natürlich Fotos und eventuell sogar einen Blog oder ein Gästebuch, in dem sich andere Menschen mit Behinderung oder Frauen, die wie ich im Rollstuhl sitzen und Model werden wollen, austauschen können.

Ein großes Ziel von mir ist es, ein professionelles Management zu finden, einen Agenten, wie zum Beispiel Peyman Armin, der meine Qualitäten und Kapazitäten erkennt und fördert. Und der über so gute Kontakte und eine so geniale Strategie verfügt, dass er mich professionell vermarkten kann.

Dazu werde ich vermutlich eine neue Setcard beziehungsweise aktuelle Fotos brauchen und ich überlege, mich deshalb mal an einen richtig bekannten Fotografen wie Jim Rakete zu wenden. Erstens würden dann die Fotos um Klassen besser aussehen – so richtig toll und edel in Schwarz-Weiß –, zweitens würde jemand wie Rakete höchstwahrscheinlich schon aus Eigeninteresse dafür sorgen, dass sie in einer Zeitung landen und veröffentlicht werden, drittens würden die Fotos für Furore sorgen und viertens würden sie dann vielleicht sogar mal in einer seiner Ausstellungen gezeigt werden. Und dadurch würde ich natürlich wieder ins Gespräch kommen. Und auch für den Fotografen würde sich das Risiko eines solch außergewöhnlichen Fotoshootings auf jeden Fall lohnen!

Um vor der Kamera eines Jim Rakete, einer Esther Haase oder eines Jack Russell dann auch richtig gut zu sein, werde ich auch weiterhin intensives Kameratraining und Posenüben betreiben. Wie setze ich mich am besten in Szene? Aus welchem Blickwinkel wirkt mein Gesicht am schönsten? Welche Mimik steht mir am besten? Welches Lächeln ist richtig sexy? All dies muss man stundenlang vor dem Spiegel üben, am besten mit einem professionellen Berater. Denn man sollte später vor der Kamera absolut natürlich und unbefangen wirken. Die Supermodels flirten ja richtig mit der Kamera. Auch das ist das Ergebnis von viel, viel Übung und harter Arbeit. Aber das ist es mir definitiv wert – und wenn ich mir dafür zu Hause einfach eine Kamera mit Stativ ins Zimmer stelle und einen Attrappefotografen aus Pappe dahinter aufbaue.

Bei meinen ersten Shootings hatte ich vor der Kamera ein bisschen Anlaufschwierigkeiten. Ich musste mich erst einmal in die Situation reinfinden, mich darauf konzentrieren, bis auf den Fotografen und seine Anweisungen alles um mich herum auszublenden. Mittlerweile sitzt bei mir spätestens der dritte Schuss im Loch. Inzwischen merke ich bei solchen Shootings gar nicht mehr, dass relativ viele Menschen um mich herumstehen, ich von Scheinwerfern angestrahlt werde und mich eine Kamera fixiert. Ich bin relativ routiniert. Beim Bild-Fotoshooting sagte der Fotograf hinterher zu mir: »Wow, ich hätte nicht gedacht, dass du so professionell bist!« Die meisten Fotografen glauben offenbar, dass ein Shooting mit einem Rollstuhlfahrer kompliziert ist. Steif, ungelenk und gehemmt. Es hat Spaß gemacht, zumindest einen von ihnen vom Gegenteil zu überzeugen.

Genau wie mein Auftreten, meine Mimik und meine Posen muss ich natürlich auch meinen Körper trainieren. Ich mache viel Sport an Geräten und schwimme regelmäßig, um meine Figur zu halten und die Muskulatur meiner Arme herauszuarbeiten. Und müsste ich für ein Shooting fünf Kilo abnehmen – kein Problem! Ich würde es tun!

Mit Masken und guten Pflegeprodukten halte ich außerdem meine Gesichtshaut glatt, samtig und sauber. Das fällt mir nicht immer leicht. Wer hat schon Lust, sich um drei Uhr morgens nach einem Discobesuch noch gründlich abzuschminken und eine Maske aufzutragen?

Ich trinke außerdem viel Wasser und achte auf genug Schlaf, das habe ich mir von den Supermodels abgeguckt.

Und obwohl ich eine absolute Optimistin bin, bin ich gleichzeitig doch auch Realistin. Da ich mich aufs Modeln noch nicht verlassen kann, habe ich natürlich auch noch einen Plan B: Seit anderthalb Jahren studiere ich Sozialpädagogik an der Alice-Salomon-Hochschule in Berlin. Ich bin mittlerweile im vierten Semester und habe hier eine Menge wunderbare Freundschaften geschlossen. Mit dem abgeschlossenen Studium kann ich in praktisch jedem sozialen Beruf arbeiten. Ich könnte im Krankenhaus Patienten betreuen oder als Streetworker arbeiten. Die Zusammenarbeit mit verhaltensauffälligen Jugendlichen würde mich allerdings am meisten interessieren.

Ein zweites Standbein zu haben und nicht nur mit meinem Aussehen, sondern notfalls auch mit meinem Kopf mein Einkommen verdienen, ist mir extrem wichtig. Wegen meiner Behinderung auf Kosten des Sozialstaates leben, käme für mich niemals infrage. Selbstständig zu sein, meine Miete und mein Essen selber zu bezahlen, ist so selbstverständlich wie unerlässlich für mich.

Schauspielen

Modeln und Schauspielerei liegen dicht beieinander. Beides findet vor der Kamera statt, in beiden Bereichen stellt man dar, präsentiert sich. Natürlich habe ich aus diesem Grund auch schon mal über eine Karriere als Schauspielerin nachgedacht. Ich würde sehr gerne mal bei *Gute Zeiten, schlechten Zeiten* anfragen, ob für mich nicht zu der Geschichte des Leon, der ja im Rollstuhl sitzt, eine kleine Nebenrolle geschrieben werden könnte. Ein kurzes Liebesdrama vielleicht – oder eine kriminelle Verwicklung. Irgendetwas Spannendes. Dann könnte ich beweisen, was ich als Schauspielerin draufhabe. Und zeigen, dass mein Gesicht sehr telegen ist.

Deshalb habe ich auch schon über ein Schauspielstudium nachgedacht, es aber erst mal wieder verworfen, weil ich das Sozialpädagogikstudium einfach interessanter fand. Aber auch, weil ich mich schauspielerisch im Grunde auch so schon für ausreichend begabt halte, um in einer Vorabendserie mitzuspielen. Wenn ich privat mal jemanden auf den Arm nehmen will, scheine ich jedenfalls sehr überzeugend zu sein.

Da ich bis vor Kurzem in etlichen Komparsenagenturen gelistet war, habe ich einmal sogar eine Minirolle in einem italienischen Kinofilm gespielt. Leider kam er nur in Italien auf den Markt, dafür wurde sogar mein Mini-Sprechpart synchronisiert.

Ich plane außerdem, mich dieses Jahr mit einem Drehbuchautor oder Serienschreiber zusammenzutun und ihn zu bitten, eine Sequenz oder ein Stück für mich zu schreiben. Und wie cool wäre es, an der Hamburger oder Berliner Drehbuch-Autorenschule – vielleicht sogar an den staatlichen Filmhochschulen in Berlin, Stuttgart und München – einen Wettbewerb ausschreiben zu dürfen, in dem es um ein Script oder einen Film mit einem Rollstuhlfahrer in der Hauptrolle geht? Das wäre doch mal ein unterstützenswertes, engagiertes soziales Projekt! Til Schweiger hat vor vier Jahren *Wo ist Fred?* gedreht, eine Komödie, in der er aus Berechnung vorgibt, im Rollstuhl zu sitzen, und vor zwei Jahren *Phantomschmerz,* wo er als Radrennfahrer durch einen Unfall ein Bein verliert und sich mit einem neuen Leben im Rollstuhl arrangieren muss. Ich habe beide Filme gesehen: Den ersten fand ich furchtbar, der zweite ist immerhin ein Anfang!

Mallorca

Ende März 2009 erlebte ich gemeinsam mit meiner Mutter meinen ersten »richtigen« Urlaub. Eine Freundin von uns war vor ein paar Jahren mit ihren Kindern nach Mallorca gezogen und lud uns ein, zwei Wochen in ihrem Haus zu verbringen. Wir zögerten nicht lange und sagten sofort zu.

Der Flug war sehr aufregend für mich. Das komische Gefühl beim Starten im Bauch, das himmlische Schweben über den Wolken, das plötzlich alle irdischen Probleme so seltsam relativiert, die Vorfreude auf die kommenden Tage, die Tatsache, dem nasskalten deutschen März zu entfliehen und bald unter südlicher Sonne am Strand zu liegen – all das sorgte bei meiner Mutter und mir schon im Flieger für euphorische Stimmung.

Schon vor dem Flughafengebäude von Palma standen sie und wurden von mir mit offenem Mund bestaunt: die ersten Palmen meines Lebens! Ich kam mir vor wie in der Karibik, blieb stehen und bewunderte die stolzen, eindrucksvollen Bäume. »Komm, wir müssen los. Caro ist da!«, holte mich meine Mutter schließlich zurück in die Realität. Nach einer herzlichen Begrüßung stiegen wir mit Caro ins Auto und ließen unseren Urlaub beginnen. Bei geöffneten Fenstern brausten wir die Küstenstraße entlang und entdeckten einen Traumstrand nach dem andren. So etwas kannte ich bislang ja nur aus dem Fernsehen. Nie hätte ich gedacht, dass südliche Luft so gut riecht, dass sich die Wärme auf der Haut so wunderbar anfühlen würde.

Das Haus unserer Gastgeberin lag in Portals Nous an der Südküste der Insel in der Nähe der Hauptstadt Palma. Der Ort gilt als Vorzeigebeispiel mallorquinischer Dekadenz, denn er beherbergt den Jachthafen Port de Portals, dessen Promenade eine Art Catwalk für die Schönen und Reichen der Insel geworden ist. Alles, was Rang und Namen hat, einschließlich der Königsfamilie, strömt regelmäßig hierher. Auf dem stets überfüllten Parkplatz reihen sich Edelkarossen wie an einer Perlenschnur, auf der Promenade trägt die Hautevolee ihre Gucci- und Armani-Kreationen spazieren und im Hafen findet man nicht wenige Jachten, die den Gegenwert von mehreren Einfamilienhäusern haben.

Meine Mutter und ich beobachteten das Treiben ein paarmal amüsiert von einem Café aus, fläzten uns dann aber lieber an den Traumstrand, lasen gemütlich im Schatten in unseren Büchern oder gingen beziehungsweise rollten spazieren. Wir machten auch viele Ausflüge mit Caro zusammen und schauten uns den berühmten Dichterort Valdemossa an, der hoch oben in den Bergen liegt und für den wir eine atemberaubende Serpentinenstrecke im Auto auf uns nehmen mussten. Wir gingen shoppen und kauften mir eine wunderschöne Handtasche in Paguera, ließen es uns in Restaurants unter freiem Himmel bei Rotwein und gegrillten Scampis gut gehen oder unternahmen Klettertouren in die Berge. Es war herrlich! Eine der schönsten Zeiten meines Lebens. Wie ein ausgetrockneter Schwamm sog ich die südliche Luft, die nach wildem Thymian, Salbei und Oregano roch, in mich auf, genoss das Mittelmeerklima und scheute mich, nachts die Augen zu schließen, weil ich mich gar nicht sattsehen konnte an dem unglaublichen Sternenhimmel.

Wir hatten totales Glück mit dem Wetter: keinen Tag Regen, nur Sonne! Ich wurde knackebraun und meine Mutter meinte eines Abends im Scherz: »Du siehst aus wie mit Bronze überzogen!« Sie selber hat auch noch nie in ihrem Leben so erholt ausgesehen wie während und nach diesen 14 Tagen. Ich genoss jede Sekunde mit ihr, besonders weil ich im Kontrast zu all der Herrlichkeit der Insel und der Liebe und Harmonie mit meiner Mutter gerade das *Tagebuch der Anne Frank* las.

»Wenn's drauf ankommt, sind wir füreinander da!«

Juliane Opitz, Josys Zwillingsschwester:
»Als Kinder haben wir alles zusammen gemacht. Gespielt, gelacht, getobt, in einem Zimmer geschlafen, sind in dieselbe Grundschulklasse gegangen. Wir haben zusammen Barbie gespielt und waren beide leidenschaftliche Kelly-Fans. Damals waren wir sehr verbunden. Ich habe auf Josy aufgepasst, ihren Rollstuhl geschoben und nicht eine Sekunde darüber nachgedacht, ob meine Schwester krank ist. Sie war normal, so, wie sie war. Ich habe sie ja nie anders kennengelernt.

Mit Beginn der Pubertät lebten wir uns mehr und mehr auseinander, weil jeder sein eigenes Ding machen wollte. Wir wollten nicht mehr überall nur »die Zwillinge« sein, sondern eigenständige Persönlichkeiten. Jede von uns wollte ein eigenes Leben anfangen und irgendwie musste ich mich auch von der Last des Aufpassens, die ich mir selbst auferlegt hatte, befreien.

Als es bei mir mit dem Weggehen anfing, begann es mich mehr und mehr zu nerven, Josy mitzunehmen. Weil das für mich bedeutete, mich nicht frei bewegen zu können. Ich musste sie schieben, was gerade in der U-Bahn und mit den steilen Treppen sehr mühsam war, und fühlte mich für sie verantwort-

lich. Das war mir zu der Zeit zu umständlich. Ich wollte tanzen gehen können, ohne auf jemanden aufpassen zu müssen.
Ich habe mir zu der Zeit einfach das Recht genommen, mich selbst an die erste Stelle zu setzen. Das hatte gar nichts mit Josy zu tun. Ich wollte nur mal wissen, wie es sich anfühlt, frei zu sein. Flexibel zu sein. In die letzte Bahn zu sprinten, gedankenlos in der Disco zu tanzen, ohne dauernd zu gucken, was Josy gerade macht und ob es ihr auch gut geht.
Vielleicht brauchte ich das auch deshalb, weil ich mich schlecht abgrenzen kann. Auch wenn Josy es nicht immer mitgekriegt hat, habe ich mir immer sehr viele Gedanken um sie gemacht. Und mit 16, 17 wollte ich mich nun endlich mal nur um mich kümmern.
Josy hat es übrigens stets genervt, von mir bemuttert zu werden. Sie wollte immer schon lieber selbstständig sein.
Vor ein paar Wochen bin ich von zu Hause aus- und mit meinem Freund in meine erste eigene Wohnung gezogen. Seitdem habe ich zu Josy eher weniger Kontakt. Aber wir haben sowieso immer so Phasen: Mal verstehen wir uns überhaupt nicht – und mal ist dann wieder alles in Ordnung. Das hängt auch viel mit Josys Launen zusammen.
Diese gleichen Gedanken, telepathischen Fähigkeiten oder unsichtbaren Drähte, die man Zwillingen ja oft nachsagt, haben wir – für mein Gefühl – eher nicht. Obwohl wir uns optisch sehr ähnlich sehen, sind wir eher untypische Zwillinge, was vielleicht

auch daran liegt, dass wir total unterschiedliche Charaktere haben: Josy ist draufgängerisch und ich eher absichernd und vorsichtig. Josy ist eindeutig die Dominantere von uns beiden, vermutlich, weil sie sich im Rollstuhl behaupten muss.

Wir haben auch nie irgendwelche Verwechslungs-Aktionen, wie beispielsweise in den gleichen Klamotten in die Schule zu gehen, durchgezogen und ich habe mich auch nie anstelle von Josy in den Rollstuhl gesetzt, um jemanden zu täuschen. Dafür waren wir viel zu sehr darauf bedacht, dieses Zwillingsding abzulegen. Wir wollten beide immer schon unbedingt eigene Individuen sein und nicht zwei Hälften eines Ganzen. Unser Standardspruch war: ›Wir sind nicht *die Zwillinge,* wir sind Juliane und Josephine.‹

Wir gehen jetzt total unterschiedliche Lebenswege, deshalb ist die Abgrenzung inzwischen etwas leichter. Ich bin nicht mehr ›die Schwester der behinderten Josy‹ und Josy ist nicht mehr ›die vom Schicksal benachteiligte Hälfte eines Geschwisterpaares‹. Heute sind wir einfach zwei junge Frauen, die am Anfang ihres Lebens stehen.

Wenn es darauf ankommt, sind wir jedoch füreinander da! Absolut und unerschütterlich. Dann halten wir zusammen wie Pech und Schwefel! Wie zum Beispiel beim Modelcontest in Hannover: Das war unsere erste und bislang einzige gemeinsame Reise ganz allein, nur wir beide, ohne Eltern. Diese Tage waren etwas ganz Besonderes für mich. Dadurch, dass ich quasi Josys Assistentin war, sie geschminkt

und ihr die Haare gemacht habe, konnte ich überall mit dabei sein. Die Lebensgeschichten der anderen Teilnehmer zu hören, warum die im Rollstuhl sitzen und wie sie damit zurechtkommen, war sehr berührend und sehr interessant für mich. Und auch die Betreuer waren supernett.
Die eigene Schwester auf dem Laufsteg zu erleben, war ein cooles Gefühl. Eine Mischung aus Stolz und Rührung. Mehrfach standen mir dabei die Tränen in den Augen. Ich fand es total toll, dass sie es aus eigener Kraft so weit geschafft hatte und war fasziniert davon, wie schön sie geschminkt und im Abendkleid aussah. Wie elegant und professionell sie sich auf dem Laufsteg bewegte und wie wenig ihr die Blitzlichter, Scheinwerfer und Kameras ausmachten. Sie lebte förmlich auf auf der Bühne und hatte nicht die geringste Scheu vor Fotografen und Publikum. Im Gegenteil, sie genoss es aus vollen Zügen!
Vor einer Kamera zu posieren, kann ich mir überhaupt nicht vorstellen. Die Glitzer- und Showwelt ist nicht so meins, weil sie mir zu oberflächlich scheint. Josy gibt das unheimlich viel, weil sie gerne im Mittelpunkt steht – und das finde ich auch toll! Sie soll das ruhig machen.
Ich bin fest davon überzeugt, dass sie sich durchboxen wird. Sie ist sehr hartnäckig. Wenn sie sich ein Ziel setzt, dann erreicht sie das auch. Vielleicht liegt das daran, dass meine Eltern sie nie mit Samthandschuhen angefasst haben. Josy lässt sich nicht unterkriegen. Die wird ihr Ding machen. Ich weiß es!«

Eigene vier Wände

Vor Kurzem bin ich bei meiner Familie aus- und in meine erste eigene Wohnung eingezogen. Damit beginnt ein neuer Lebensabschnitt. Nicht mehr als Kind oder Tochter, sondern als Frau in eigenen vier Wänden. Es war eine ganz schöne Umstellung für mich. Es gibt Abende, an denen ich mich einsam fühle und mich zurück in mein kleines gemütliches Zimmer bei meinen Eltern sehne. Aber man kann seine Kindheit ja nicht festhalten. Mein Bruder ist auch schon ausgezogen und Jule ist vor Kurzem mit ihrem Freund Salih zusammengezogen. Und ich wollte nicht als Nesthocker im Hotel Mama enden.

Mein neues Reich liegt in Charlottenburg, meiner alten Heimat also, im Studentenwohnheim. Die Einzimmerwohnung hat alles, was ich brauche: eine kleine offene Küche, ein großes rollstuhlfahrergerechtes Bad mit Dusche und einen großen Raum zum Schlafen, Arbeiten und Leben. Aber das Beste ist die wunderschöne Miniterrasse mit Blick ins Grüne! Das Wohnheim liegt nämlich in einer parkähnlichen Anlage mit vielen Rasenflächen, auf die man sich im Sommer zum Lesen und Bräunen hinlegen oder an lauen Abenden zum Weintrinken mit Freunden fläzen kann.

Zwar alleine zu wohnen und Küche und Bad ganz für sich zu haben, aber trotzdem jede Menge junge Leute um sich zu wissen – das ist ein tolles Gefühl!

Ich freue mich total darüber, endlich komplett selbstständig zu sein. Schuhe anziehen, mir die Haare machen, zur Uni oder zu Freunden fahren – für mich ist das keineswegs selbstverständlich und erfordert im Vergleich zu jemandem ohne Behinderung einiges an Organisation und Kreativität. Der Fahrdienst, meine Therapien, das alles koordiniere ich nun immer mehr selber. Aber das schreckt mich nicht. Ich finde es sehr spannend, endlich mein ganz eigenes Ding zu machen.

Kurz bevor ich ausgezogen bin, hat meine Mutter mich gefragt, ob ich Kurt mitnehmen möchte. Damit ich mich nicht so alleine fühle. Kurt, ein weiß-braun gefleckter Hase mit großen Löffeln, ist seit 2009 unser Haustier. Aber ich habe mich entschieden, lieber ohne tierische Begleitung umzuziehen. Kurt ist nämlich ziemlich geruchsintensiv, wenn man seinen Stall nicht regelmäßig ausmistet, was sich für mich schwierig gestalten würde. In meinem ersten eigenen Reich sollte es nur nach mir riechen – und nach sonst nichts.

Finale

MENTAL POWER oder DIE ZUKUNFT BEGINNT IM KOPF

Ich bin oft gefragt worden, ob ich eine bestimmte Technik oder bestimmte Rituale habe, die mein grundsätzlich positives Denken unterstützen. Woher ich die Kraft nehme, mir meine Zukunft zu visualisieren, Träume zu entwickeln und an das Glück zu glauben.

Die Antwort ist: Ich bin sehr ehrgeizig! Und ich glaube einfach fest daran, irgendwann berühmt zu werden. Ich weiß genau, dass ich dafür sehr viel Geduld aufbringen muss. Es kann in ein paar Monaten klappen oder auch erst in ein paar Jahren. Ich kann warten, das habe ich gelernt. Aber ich weiß auch, dass man ganz fest an seine Träume glauben muss, damit sie sich realisieren können, auch das habe ich gelernt.

Wie sähe mein Leben aus, wenn ich laufen könnte? Das habe ich mich natürlich oft gefragt. Hätte ich dann auch Model werden wollen – oder etwas ganz anderes? Manchmal verliere ich mich nachts in diesen Gedankenspielen ...

Model wäre ich auf jeden Fall nicht geworden, dafür bin ich mit meinen 1,57 Metern einfach viel zu klein. Ich glaube, ich hätte auch nicht das Selbstbewusstsein und den Antrieb. Nicht das Durchsetzungsvermögen, die Zielstrebigkeit, den Ehrgeiz, die Stehaufmännchen-Mentalität, den Drang, mich dieser Herausforderung zu stellen. Und auch nicht so viel Geduld. Das bringe ich ja alles nur auf, weil ich mir fest vorgenommen habe, allen zu zeigen, dass man auch im Rollstuhl schön, sexy, attraktiv und begehrenswert sein kann.

Dass Charisma nicht nur von zwei gesunden Beinen abhängt.

Wenn ich laufen könnte, würde ich diese Fähigkeit vermutlich tausendfach mehr würdigen als jemand, der nie ein Problem damit hatte. Vielleicht würde ich zu Fuß die Welt umrunden, um dieses Gefühl zu genießen und so richtig auszukosten. Ich wüsste zu gerne, wie es sich anfühlt zu rennen. Aus eigener Kraft Geschwindigkeit zu erleben, den Wind in den Haaren zu spüren, die Kraft der Muskeln. Das muss unendlich schön sein. Meine Mutter läuft ja Marathon – mit Sicherheit hätte ich sie dabei begleitet.

In jedem Fall wäre ich auf zwei Beinen viel mobiler. So bin ich immer abhängig, auf den Fahrdienst angewiesen oder Freunde, die mich abholen. Ich muss in der Hinsicht immer Kompromisse machen, bin nie frei. Könnte ich gehen, wäre ich vermutlich erst mal Tag und Nacht unterwegs.

Und ich würde unbedingt High Heels tragen – das kann ich so nicht, weil ich darauf sofort umknicke. Diese wunderschönen Modelle von Manolo Blahnik oder Jimmy Choo . . . wie sehr würde ich es genießen, darauf durchs Leben zu stöckeln!

Und bodenlange Kleider würde ich tragen, denn im Rolli kann ich immer nur höchstens knielange Modelle anziehen, damit sich der Saum nicht im Rollstuhl verfängt. Sollte ich mal heiraten, würde ich deshalb so lange üben, bis ich in einem bodenlangen Prinzessinnenkleid mit Schleppe zum Altar schreiten kann. Das habe ich mir fest vorgenommen, das möchte ich mir nicht nehmen lassen.

Sportlerin wäre ich mit zwei gesunden Beinen vermutlich nicht geworden, das interessiert mich nicht so. Aber Kommissarin oder Krankenschwester, das hätte ich mir gut vorstellen können.

Und trotzdem, so unglaubwürdig es vielleicht klingt: Laufen zu können, ist nicht mein größter Wunsch im Leben. Hätte ich durch eine gute Fee drei Wünsche frei, wäre es unter Umständen gar nicht dabei – so gut habe ich mich mittlerweile mit meinem Leben arrangiert. Mit dem eigenen Schicksal zu hadern, bringt nichts. Das haben mir meine Eltern zum Glück schon sehr früh beigebracht. Jeder Mensch hat sein Päckchen zu tragen und meines ist es eben, auf Rollen durch mein Leben zu fahren. »Josy hat aus ihrem Handicap einen Vorteil gemacht.« Das hat meine Schwester Jule mal gesagt. Sie hat recht. So abgenutzt der Spruch auch ist: »Das Glas ist halb leer oder halb voll.« Meines ist halb voll und ich werde nicht aufhören, dafür zu sorgen, dass nachgeschenkt wird.

Egal, wie viele Rückschläge noch kommen, ich werde weitermachen. Ich werde nicht aufhören, den Leuten zu zeigen, wie falsch das Bild ist, das die meisten von Menschen mit Behinderung im Kopf haben. Ich wünsche mir, dass man uns Menschen, egal mit welcher Behinderung, mit weniger Vorurteilen begegnet und uns vor allem nicht unterschätzt. Und ich wünsche mir, dass Models im Rollstuhl irgendwann genauso anerkannt werden wie Models ohne Handicap. Es wäre gigantisch, das erste offizielle deutsche Model im Rollstuhl zu sein, dessen Konterfei irgendwann mal als Riesenplakat am Ku'damm hängt!

Wie heißt es so schön in den klugen Büchern: *Alles, was du dir vorstellen kannst, kann auch wahr werden!* Und vorstellen kann ich mir vieles . . .

Danksagung

Zu allererst möchte ich meiner wunderbaren Familie danken, die mich nie aufgegeben hat, egal, wie schwer es manchmal war, die all meine Vorhaben stets tatkräftig unterstützt und mir enorm den Rücken gestärkt hat und die einfach immer für mich da ist! ICH LIEBE EUCH!!!

Mein besonderer Dank gilt auch dem gesamten Team vom Verein »Herzenswünsche e. V.«, auf das ich mich immer verlassen kann und das meine Tiefen stets zu Höhen werden lässt . . . Es tut gut, euch an meiner Seite zu wissen!

Tanja, Ruth, Olga, Anni, Heike, Hannah, Madlen, Luisa, Alisa, Anne, Julia, Kathi Eva und Ann-Katrin: Danke, dass ihr mein Leben noch schöner macht! Ihr seid die besten Freunde, die man sich wünschen und vorstellen kann ☺ .

Meiner KG-Truppe, die schon seit über fünfzehn Jahren darauf achtet, dass ich beweglich, durchtrainiert und geschmeidig bleibe, möchte ich an dieser Stelle auch ein dickes, fettes Dankeschön aussprechen!

Last but not least möchte ich Claudia Thesenfitz und dem Arena Verlag für die Zusammenarbeit danken, denn ohne sie hätte ich nie die Möglichkeit gehabt, dies hier in die Tat umzusetzen . . .

PS: Ich hoffe, dass ich jetzt keinen vergessen habe.

DANKESCHÖÖÖÖÖÖÖÖÖÖÖN ☺

Sabrina Tophofen / Veronika Vattrodt

So lange bin ich vogelfrei

Mein Leben als Straßenkind

Mit elf Jahren bricht Sabrina Tophofen* aus dem Kinderheim aus. Sie landet in Köln auf der Domplatte, wo sie zum ersten Mal Geborgenheit und Schutz erfährt, aber auch auf Gewalt und Aggression, Drogenkonsum und Missbrauch unter den Obdachlosen trifft. Auf einzigartige Weise dokumentiert Sabrina ihren täglichen Kampf ums Überleben – für das Recht auf Selbstbestimmtheit und Akzeptanz.

* Name geändert

176 Seiten. Klappenbroschur.
ISBN 978-3-401-06550-2
www.arena-verlag.de

Christina Helmis / Kerstin Dombrowski

Mein Lollimädchen-Ich

Mein Leben mit der Magersucht

Um nicht länger für alle das Moppelchen zu sein, hört Christina auf zu essen. Mit 17 Jahren landet sie zum zweiten Mal in der Psychosomatischen Klinik; bei einer Größe von 1,73 m wiegt sie noch 33 Kilo. Kurze Zeit später wäre sie gestorben, sagen die Ärzte. Aber Christina will leben – und essen. Mutig und fesselnd dokumentiert sie ihren Kampf gegen die heimtückische Krankheit.

160 Seiten. Klappenbroschur.
ISBN 978-3-401-06439-0
www.arena-verlag.de

Mihrali Simsek / Daniel Oliver Bachmann

Mit 18 mein Sturz

Mein Leben im Gefängnis

Wie sieht Alltag hinter Gittern aus? Welche Perspektiven bietet die Zukunft? Und wie lebt man mit dem Wissen, etwas nie wiedergutmachen zu können? Mit 18 Jahren wurde Mihrali Simsek* zu einer Freiheitsstrafe von 6 Jahren und 6 Monaten verurteilt. Weil er verhindern will, dass anderen Jugendlichen etwas Ähnliches passiert, erzählt er seine Geschichte – klar, direkt und schonungslos ehrlich.

* Name geändert

160 Seiten. Klappenbroschur.
ISBN 978-3-401-06434-5
www.arena-verlag.de

Arena